120年続く梅農家が教えたい

# まいにち梅づくし生活

梅農家継承
梅ボーイズ
山本将志郎

日本一の梅の産地、紀州みなべ町では
町全体に梅の良い香りが漂います。
フルーティーな香りに包まれながら行なう梅仕事は、
年に一度の特別な楽しみ。

ご飯によく合うすっぱい梅干し。
甘くて爽やかな梅シロップ。

でも、梅の楽しみは初夏だけではありません。
梅は毎日の食卓に欠かせない存在。

肉にも魚にも野菜にも合う
万能調味料の梅味噌や、
シンプルで美味しい梅の炊き込みご飯、
アイスもホットも
バリエーション豊かな梅酢ドリンク。

つねに身近に梅があり、
毎日梅を食べてきた梅農家が
〝梅の魅力〟を余すことなく伝えます。

## この本のポイント

### 1 どこよりも簡単！

・梅を知り尽くしたプロがたどり着いた、どこよりも簡単で美味しい作り方を教えます。

・例えば、梅干しはバットやお皿で干すから、ざる不要。完熟梅で作るからアク抜きやヘタ取りの作業も要りません。

・少量から保存袋で漬けられて、たった数粒からできる梅仕事も！

## 2 どこよりも丁寧！

・梅の選別から仕込みまで、全工程に写真つきでくわしく解説。

・よくあるトラブルや疑問にも一つひとつ答えるから、初めてでも失敗なし！

## 3 梅農家の知恵

・代々伝わるレシピに、家庭で手軽に作りやすいよう改良、工夫を加えました。

・定番の梅仕事だけでなく、梅農家ならではの梅の食べ方も惜しみなく紹介。

・365日まいにち梅を楽しめる、梅干しや梅酢を使った料理とドリンクも満載！

# もくじ



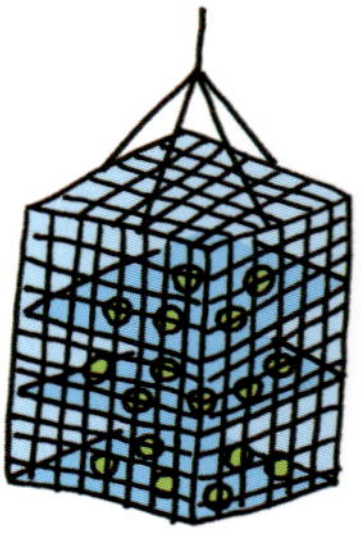

永久保存版 **梅仕事のFAQ**

**Column 2**



## 第3章 まいにち梅レシピ

**本書のレシピについて**

- 食べごろや保存期間は目安です。
- 梅を室内で干す方法を紹介していますが、室内で干すことも含めて「天日干し」と表記しています。
- 大さじ1は15㎖、小さじ1は5㎖です。
- 火加減は、特に表記がない場合は中火です。
- 電子レンジは600Wを基準にした目安です。500Wの場合は加熱時間を1.2倍し、また、お使いの機種によって加熱具合が異なるので様子を見て調整してください。
- 第3章で使う梅干しは、白梅干し…塩分18％、紫蘇梅干し…塩分15～18％です。梅酢は塩分15～20％です。塩分濃度によって味をみながら調整してください。

# 第1章

# 梅を知る

梅農家であり、梅干し屋。
梅を知り尽くしたプロが教える、
梅の種類や意外な健康効果、歴史まで！

# 梅があるのが当たり前

## 日本一の梅の産地・紀州で、梅に囲まれて育つ

僕は、和歌山県のみなべ町という、日本一の梅の産地で生まれ育ちました。人口約1万人と小さな町で梅農家を営む家が多く、もれなく僕の実家も5代続く梅農家です。

至るところに梅畑が広がる環境で、昔ながらの塩だけで漬けた、すっぱくてしょっぱい梅干しを当たり前のように食べてきました。甘みはなく、梅本来の味がダイレクトにわかる、とても美味しい梅干しです。

## 「昔ながらの梅干し」が消えてしまう？

実家の農園は兄が継いだため、僕はまったく梅とは関係のない道を歩んでいたのですが、帰省時、兄の元気がな

いことが気になって、くわしく事情を聞いてみることに。すると、意外な言葉が返ってきたんです。

「どんな人が梅を食べているのかわからず、正直、やりがいがない」

通常、梅農家の仕事は梅を栽培収穫し、出荷するところまで。つまり、せっかく丹精込めて育てた梅の実がどこで加工され、販売され、誰が食べているのかを知ることができないんです。

さらには、現在市場に出回っている梅干しのほとんどが、調味液で漬けた〝甘い梅干し〟ばかり。小さな頃から親しんで食べてきた昔ながらの梅干しが、今やほとんど製造されていないなんて……。

## 「梅本来の味」を守り続ける

「だったら、僕が兄の梅ですっぱい梅干しを漬けて広めよう！」

こうして、梅干し作りをスタートさせることに。紆余曲折を経て作り上げた梅干しは、ありがたいことに「懐かしい」「こんな梅干しを求めていた！」という想像以上の声をいただいています。

昔ながらの梅本来の味が受け入れられた嬉しさを胸に、活動の輪を広げ、梅の美味しさと魅力をお伝えできればと思っています。

# 梅干しには完熟梅

## 5月から順に旬を迎える

「梅干しに使う梅は何がいいですか？」と聞かれることがよくありますが、皮の柔らかい梅干しにしたいなら「完熟梅」がおすすめです。

　梅のシーズンは、地域や品種、その年の気候によって多少前後しますが、5月中旬に小粒の「小梅」からスタートし、5月下旬に緑色の「青梅」がスーパーに出回り始めます。

　そして6月上旬に「完熟梅」が旬を迎えます。木の上で黄色くなるまで熟して自然落下した梅です。

　完熟梅は本当に柔らかく、また、ギリギリまで木から栄養をもらうことができるので栄養価も最も高い状態です。梅干しにすると、中は肉厚で皮は柔らかい、口当たりの良い美味しい梅干しに仕上がります。

　ところで、完熟梅には赤みを帯びている部分がありますが、これは黄色からさらに熟度が進んだわけではなく、木になっている時に日光が当たっていた部分がほんのり赤く色づくためです。

写真上:熟す前に収穫する青梅は、青々として、爽やかな味わい。
下:黄色くなるまで熟した完熟梅は、柔らかくフルーティーな香りが強い。

# その梅、何にする？

## 梅の熟度や作りたいものから選ぶ

梅は、その熟度や収穫時期によって向いている梅仕事があります。

代表的なものでいえば、

- **小梅…カリカリ梅、梅干し**
- **青梅…カリカリ梅、梅味噌、梅シロップ、梅酒**
- **完熟梅…梅干し、梅シロップ、梅酒、梅ジャム**

などが向いています。

---

青梅はスーパーで手に入りやすいですが、皮の柔らかい梅干しにしたいなら、完熟梅の方がおすすめです。青梅は、皮の固さが梅干しになっても残ってしまうためです。ただし、小梅なら青梅でも比較的柔らかく漬かります。

## 完熟梅はシーズン終盤が狙い目

自然落下の完熟梅は、スーパーなどにほとんど出回らないことと、ギリギリまで熟しているため腐敗が早いのが難点です。完熟梅を手に入れたい場合は、梅ボーイズのサイトや、農家直販の通販を探して取り寄せて、届いたら早めに仕込みましょう。

まれにスーパーや地域の産直市場などで販売されている完熟梅は、ある程度熟した梅を木から収穫し、常温で追熟した梅であることも多いのですが、購入するならシーズン終盤が狙い目。というのも、その年のシーズンの最盛期を過ぎた木から穫れる梅は皮が柔らかくなる傾向があるため、梅干しにピッタリなんです。

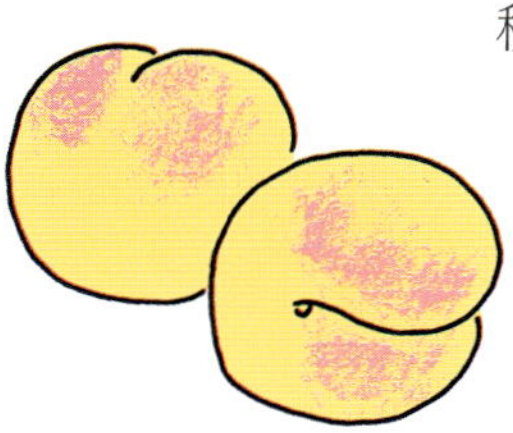

## 青梅は追熟させて

完熟梅を手に入れるのが難しい場合は、青梅を黄色くなるまで追熟（35ページ）させて作るといいでしょう。

梅の追熟が難しいと感じる人もいるようですが、何も特別なことはありません。例えば、買ってきたバナナや桃がまだ固い時、柔らかくなるまで室温において追熟させると思いますが、それとまったく同じことです。

青梅を追熟させた梅は、完熟梅の柔らかさやフルーティーさには敵わないとはいえ、徐々に部屋の中に梅の香りが広がって、仕込む前からワクワクした気持ちになること間違いありません。

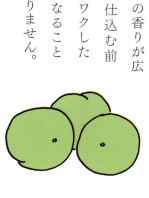

# すごい！ 梅の健康効果

## 梅がもたらす健康効果5選

「梅はその日の難逃れ」――朝に梅干しを食べることで災難（体調不良）を防ぐことができるという意味のことわざで、それだけ梅が健康に良いということを示しています。

梅（梅干し）がもたらす代表的な健康効果としては、クエン酸の働きによる整腸効果や疲労回復、骨の老化防止、肝機能の向上、また、ビタミンEによる免疫力の向上などがあります。

## 加熱で栄養価がパワーアップ！

僕はよく、梅干しを焼いて食べています。驚かれるかもしれませんが、梅農家では珍しくない食べ方です。なぜなら、加熱することでバニリン（脂肪燃焼促進）とムメフラール（血液サラサラ）という2つの成分が増加したり、生成されたりし、健康効果がパワーアップするため。加熱後は冷蔵しても栄養価は減らないので、まとめ焼きがおすすめです。

また、個人的には夕食時に梅干しを食べることが多いのですが、朝食や運動前に食べると疲労の蓄積防止、疲労を感じた時に食べると疲労の軽減効果が期待できます。

### 1 整腸効果

梅干しに含まれるクエン酸は消化酵素の働きを助け、消化を促進します。また、クエン酸をはじめとする有機酸は腸内環境を整え、便秘の解消に役立つとされています。

### 2 疲労回復

クエン酸には疲労物質である乳酸の蓄積を抑える作用があり、体の疲れを感じやすい人には特におすすめ。疲労回復をサポートするとされています。

### 3 免疫力の向上

梅干しはビタミンEを豊富に含んでおり、風邪の予防や免疫力の向上に役立つとされています。ビタミンEには抗酸化作用もあるので、老化防止にも効果的です。

さらに、梅に含まれる梅ポリフェノールは、インフルエンザウイルスを抑制するという研究結果も明らかになっています。

### 4 骨の老化の防止

クエン酸がカルシウムの吸収を助ける役割を果たします。よって、骨密度の維持や骨の老化防止にも効果的です。

### 5 肝臓や臓器への効果

クエン酸は肝臓でのアルコール分解を助け、肝臓に負担をかける物質の排出を促進。肝臓の健康、肝機能の向上に役立つとされています。

※健康効果は適切な量（1日1～2個）を食べた場合のもので、食べすぎはクエン酸やカリウムの摂取過多などが起こり、逆効果になる可能性があります。

## 梅は美容にもいい

### 梅干しには嬉しい「美肌効果」もある

梅干しに含まれるクエン酸、コハク酸、リンゴ酸、酒石酸、ミネラルといった栄養素は、美容にも良い影響をもたらします。ビタミンCとクエン酸の抗酸化作用が肌の老化を防ぎ、美肌を保つ効果が期待できるのです。

これには、梅干しを食べる時に分泌される唾液もポイント。梅干しと、唾液で食中毒菌を殺菌する二重の働きによって「美肌効果」が得られるというわけです。

梅の製造所へ見学にいらっしゃる人が、「みなべ町の人は、肌がきれいですね！」とよく声をかけてくださるのですが、それがただの〝お世辞〟という頻度ではないのも、こうした梅干しの「美肌効果」が関係しているのかもしれません。

## 腸内環境改善による「ダイエット効果」

梅干しに含まれる、クエン酸をはじめとした有機酸は消化酵素の働きを助けて腸内環境を整え、便秘の解消に役立つといわれています。

実際、梅酢を毎朝摂っているというお客様や友人から、「とにかく便通が良くなった」という声をいただいており、効果を実感させられる場面が最も多い梅の効能かもしれません。

## 「脂肪燃焼効果」を持つバニリン

また、梅干しに含まれるバニリンには、脂肪燃焼効果があるとされています。小腸から吸収されたバニリンが脂肪細胞に直接刺激を与え、脂肪燃焼を促してくれるのです。

ちなみに、和歌山県紀南地区に住む女性２０１人を対象にした調査では、なんと、梅干しを毎日食べている人は食べていない人に比べてＢＭＩ値が低いというデータもあるほど。とはいえ、梅干しを１回食べただけで効果が出るわけではないので、食生活の見直しと合わせてダイエットを行ないましょう。

# 楽しみ広がる、梅干しの品種

## 梅干しに使われる梅の種類

梅干しにも、さまざまな種類があることをご存じでしょうか。じつは、梅の品種によって梅干しの質感や味わいも千差万別。そこで、楽しみの幅を広げるためにも梅の品種についてご紹介しましょう。

**❶南高梅**…南高梅は和歌山県が主な産地で、僕の生まれ育ったみなべ町（旧南部川村）が原産地。梅干し用の梅として、最もメジャーな品種といえるでしょう。梅干しにすると、皮が柔らかく、果肉が分厚いのが特徴です。

**❷白加賀**…関東地方で多く栽培される白加賀は、果肉がしっかりとしており、酸味が強いという特徴があります。実が少々固めなので、梅干しのほかに、梅酒や梅ジャムなどに適しています。

**❸豊後梅**…大分県原産の豊後梅は大粒で果肉が厚く、酸味が少なめ。甘みもあるので食べやすい梅干しになります。

**❹小梅**…小梅はその名の通り小粒で、梅干しにすると酸味が強く、塩分とのバランスが取れた味わいが特徴です。お弁当用など、小さめの梅干しに適しています。

## 慣れ親しんだ南高梅

このほかにも、神奈川県の小田原地域で栽培されている、柔らかくジューシーな十郎梅、新潟県を中心に栽培されている、皮がしっかりとして実の味が濃い藤五郎梅など、魅力的な品種はたくさんあります。

しかし、あくまで個人的な意見ではありますが、僕が好きなのは、やはり南高梅です。皮と実の柔らかさがちょうど良く、梅の実の旨味を一番強く感じられるように思います。

みなさんも、ぜひ、さまざまな品種を楽しんでみてください。

# 梅干しと梅の歴史

## 中国から日本へと伝わった梅

中国を発祥とする梅の歴史はとても古く、約２０００年前に書かれた中国最古の薬物学書に記載があるほど。諸説ありますが、日本には、遣唐使が梅干しのルーツとなる「烏梅《うばい》（梅の実を乾燥させて燻製《くんせい》にした生薬）」を持ち込んだとされています。

以降、古代中国で発達した梅の保存方法は日本で独自の発展を遂げ、現代に至るまで、日本の食文化に深く根付き、愛されてきました。

平安時代、主に貴族の間で珍重されていた梅干しは、食用のみならず健康維持や疾病予防といった薬用として用いられ、戦国時代になると、長期間の保存が可能かつエネルギー源としても優れていることから、武士たちの携帯食として重宝されたようです。疲労回復などの健康効果を持つ梅干しは、戦場での必需品だったというわけです。

そして、江戸時代に入ると、梅干しは一般の民衆の間でも広く食されるように。梅の大量生産と流通が始まり、日本人の食生活に欠かせない食品のひとつとなりました。この時代も、やはり保存食としての価値が高く評価され、飢きん時の備蓄食としても利用されていたようです。

## 和歌山県における梅栽培の始まり

和歌山県における本格的な梅栽培は、江戸時代に始まります。作物がよく育たない痩せ地が多かった紀伊藩田辺領において、痩せ地を免祖地としたことで、農民がそこで生命力の強い梅を栽培し始めたことがきっかけです。田辺領は痩せ地を利用した梅の栽培を推奨、保護政策をとったため、田辺、みなべ地方を中心に梅栽培が広まったと伝えられています。

その後、紆余曲折を経て、高度成長期に入ると梅の需要が高まり、栽培面積は増加。昭和56年頃より健康食品ブームで梅干しが消費者に見直されてからは、質・量ともに和歌山県が梅栽培における「日本一」を誇ることに。加工面においても多方面に活用され、ブランド「紀州梅」の産地として発展を遂げることになりました。

Column 1

# 日本一の梅の生産地で

「梅のいい香りがしますね！」

　2月に梅の花が咲くと、みなべ町にいらっしゃる人は、みなさん口を揃えて同じようにおっしゃいます。南高梅の原産地であるみなべ・田辺地域は、全国の梅の生産量の半分以上を占める「日本一の梅の生産地」なので、そこらじゅうに梅の畑があります。

　そのため、花の時期は、確かに夢のような光景が広がるのです。

　うちの農園だけでも、代々受け継いだり、引き継いできた畑を含めると、梅栽培をしている畑の広さは10万平米

梅農家継承
梅ボーイズ

ほど。計２５００本ほどの梅の木を管理しています。

## ４時半から手作業で収穫

梅の収穫期は、完熟梅が５月末から６月いっぱい、青梅は６月上旬までと短期間なので、ピーク時は朝４時半・５時くらいから５、６人のメンバーで一気に収穫。通常、梅の実の収穫は手持ち網を使って拾い集めることが多いのですが、網で擦れたり傷がつくのをできる限り避けるため、僕たちは一つひとつ、手作業で行なうことにこだわっています。じつは、梅はほかの作物に比べて足が早く、時間勝負という側面・難しさがあるんです。

## 梅文化を後世に残すために

また、そんな日々の仕事の中で、地方の農家が抱える現実や厳しさを目の当たりにし、地方に人が住み続けるためにも「一次産業（農業、林業、漁業など）」が重要だと痛感。それらを根本から変えていく必要があると考え、第一歩として若い新規就農者を募って「梅ボーイズ」を結成したのです。

そんな新規就農事業プロジェクトやすっぱい梅干しが評価され、創業から5年目には、和歌山県の優れたブランドとして認定・推奨していただける、「プレミア和歌山」令和5年度の最優秀賞も受賞しました。

## 一次産業のあり方を変えたい

さらに2024年からは、やまづくり事業として、みなべ町の梅の耕作放棄地を減らす活動を本格的にスタート。耕作放棄された梅畑の再活用として、ウバメガシの植林活動を始めました。

ウバメガシは、いわゆるドングリの木の一種です。土地の栄養の少ない山の急斜面に植林することで、山の自然環境を整えていくだけでなく、ウバメガシは良質な木炭「紀州備長炭」の原料に。20年後には、小さなドングリが立派なウバメガシとなり、備長炭として、持続的に利益を生み出すことができるのです。

梅の栽培・製造がしっかりと軌道に乗ったら、備長炭で林業へ、さらには海の事業も視野に入れています。

「日本の一次産業の基盤を整えていきたい」という想いを胸に、若い人たちが「面白い」「やりがいがある」と感じられる、理想的な農業の「新しいあり方」を追求していきたいと思っています。

# 第2章 旬の梅仕事

梅農家はこんな風に梅を食べています。
定番の梅仕事のコツや梅農家ならではの
秘伝の味までご紹介。初めての梅仕事でも失敗なし！

# 梅仕事カレンダー

梅が出回る時期は限られているのでタイミングを逃さないように！
その年や地域によっても異なるので、スーパーや通販サイトをチェックして。

| 5月 | | 6月 | | | |
|---|---|---|---|---|---|
| 中旬 | 下旬 | 上旬 | 中旬 | 下旬 | |

出回り時期と梅仕事

**小梅〈5月中旬～6月中旬〉**

- カリカリ梅
- 梅干し

**青梅〈5月下旬～6月中旬〉**

- カリカリ梅
- 梅味噌
- 梅エキス
- 梅シロップ
- 梅酒

**〈6月上旬～7月上旬〉**

- 梅干し（塩漬け）
- 低塩分梅干し
- 梅シロップ
- 梅酒
- 梅ジャム
- 梅の甘露煮
- ねり梅
- 梅味噌

※前年に漬けた梅の天日干し

- 梅醤
- 梅塩
- 紫蘇ふりかけ

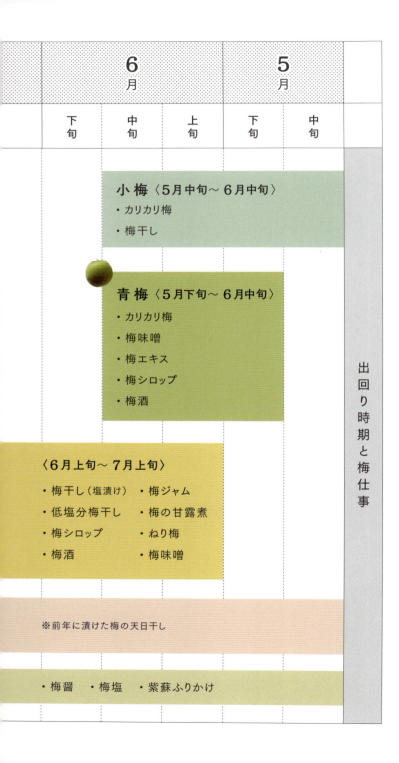

| 9月 | 8月 | | | 7月 | | |
| --- | --- | --- | --- | --- | --- | --- |
| 上旬 | 下旬 | 中旬 | 上旬 | 下旬 | 中旬 | 上旬 |

## 梅干し作りの4ステップ

梅干し作りは次の順で工程を踏みます。

1. 梅の塩漬け…梅を塩で漬ける。
2. 天日干し…塩漬けした梅を干す。
3. 保存…3か月ほど寝かせて塩をなじませる。
4. 紫蘇漬け…天日干しした梅を紫蘇で漬ける。（必ず紫蘇漬けにする必要はありません）

**完熟梅**

**〈7月上旬～9月上旬〉**

・梅干し（白干し梅）　・干し梅

**〈1年中いつでも〉**　・紫蘇漬け（梅干し、カリカリ梅）　・即席はちみつ梅

# 完熟梅の選別

完熟梅の傷について、どれくらいの傷までなら使っていいのかを徹底的に解説します。

## 黒っぽいススがある

**OK!**

全体に黒いススのようなものがあるのはカビの一種の跡ですが、人体に害はありません。表面を洗って漬けて問題ありません。

## きれいな梅

**もちろんOK!**

自然落下の完熟梅には、ほぼすべてに小さな傷がついています。これくらいきれいな梅が手に入ったらラッキー。

## 直線状の跡がある

**OK!**

なり口（ヘタのくぼみ）のところにまたがる直線状の跡も同じく、梅の木の枝がこすれた跡です。漬けて問題ありません。

## なり口にシミがある

**OK!**

なり口（ヘタのくぼみ）にシミのような跡があるのは、梅の木の枝が触れていた跡が変色したものです。漬けて問題ありません。

## 柔らかくプニプニになっている

OK!

直射日光に当たっていた部分は傷みやすく、その部分が柔らかくなって少し表面が湿っていますが、この程度なら問題なし。

## 網のような跡がある

OK!

自然落下した梅を受け止めるために、農園にネットを敷きますが、これはそのネットの跡。漬けて問題ありません。

## シミのように茶色くなっている

梅シロップや梅ジャムに

OK!

右の梅のように茶色い部分が広範囲に広がっている場合は、傷んでいるところを切り落として梅シロップや梅ジャムに使うのがおすすめ。左のもの程度なら梅干しもOKです。

## かさぶたのような固い傷がある

OK!

基本的には気にしなくて大丈夫ですが、梅干しにした時に皮が固く食感が良くないので、干した後（食べる前）に傷の部分を取りのぞいてください。

### 漬けない方がいい梅は…？

- 白いカビが生えている
- 全体が柔らかくなって、茶色く腐敗が進んでいる
- 皮が破れて、そこから茶色く腐敗が進んでいる

判断に迷うラインのものは、傷んでいる部分をのぞいて梅ジャムやねり梅に。梅干しに使うなら、低塩分で漬けるとカビやすいので、塩分高め（18％）で漬けると安心。

# 青梅の選別と追熟

青梅の傷の見分け方と追熟の仕方をくわしく解説します。

### 浅いすり傷がある

OK!

少し表面がこすれた程度の傷は食感に影響なし。漬けて問題ありません。

### きれいな梅

もちろん OK!

左はやや黄色く熟しかけ（スーパーで手に入るのはこの熟し加減が多い）。中央と右は収穫したての若い梅。若い梅が手に入ったらぜひカリカリ梅に。

### 大きなかさぶたのような傷がある

傷をのぞけば OK!

これくらい大きな傷は雑味が出る可能性があるので、傷の部分を切り落として使ってください。

### 小さなかさぶたのような傷がある

OK!

カリカリ梅にする場合は、深い傷は食感が良くないので、傷の部分を切り落としてから漬けてください。カリカリ梅以外ならそのままで問題なし。

見栄えが良くないので出荷時に目立つものは選別されていることが多いですが、黒い斑点のある梅があります。梅の病気の一種ですが、味にも食感にも影響ありません。

## 追熟の仕方

購入時のビニール袋のまま放置したり、追熟前に梅を洗ってしまうと梅が水を吸い、傷みやすくなるのでNG！

1. 平皿やバット、まな板の上にキッチンペーパーや新聞紙を敷き、梅を並べる。
2. 直射日光の当たらない風通しの良い場所におく。

追熟の進み方が梅によって異なる（早い梅は2～3日、遅い梅は4～5日）ので、熟し具合を見ながら追熟が完了したものから仕込み始めるのがおすすめ。

## 梅の保存

どうしてもすぐに仕込めない場合は、冷凍保存して梅ジャムや梅味噌にすることが可能です。冷凍梅で梅干しを作ると、干した時に水分が抜けてぺしゃんこに潰れてしまうので注意が必要です。梅は洗わずに冷凍し、解凍後に水で洗ってください。

風通しの良い場所で保管します。段ボール箱ならふたを開け、ビニール袋に入っているなら取り出します。完熟梅はできるだけ当日中に仕込みましょう。

# 梅の下処理

完熟梅はアク抜きやヘタを取る作業が不要なのでとても簡単。青梅もコツを覚えれば難しいことは一切ありません。

## 完熟梅

### 水で優しく洗う

ボウルに水を張って優しく表面の汚れを洗います。完熟梅は柔らかく傷つきやすいので丁寧に。アクが少ないので水にさらす必要もありません。

⇓

### 水けをふき取る

キッチンペーパーでしっかり水けをふき取ります。元々ヘタがついていないのでヘタ取りは不要ですが、なり口（ヘタのくぼみ）に水分が残りやすいので注意。水分が残っているとカビの原因になってしまいます。

⇓

**たったこれだけで下処理が完了！**

## 青梅

### アク抜きをする

ボウルに水を張って優しく表面の汚れを洗った後、1時間ほど水に浸け、汚れ取りとアク抜きをします。

⇓

### 水けをふき取る

キッチンペーパーでしっかり水けをふき取ります。なり口に水分が残りやすいので注意。水分が残っているとカビの原因になってしまいます。

⇓

### ヘタを取る

竹串やつまようじでヘタを取ります。一度コツを掴めば簡単です。

⇓

**下処理が完了！**

# 梅仕事 基本の道具

梅仕事で使う基本の道具をご紹介します。特別なものを用意する必要はありません！ ただし、金属製の容器や鍋は梅の酸でサビの原因になるのでご注意を。

## ◎保存容器

梅干しや梅シロップ、梅酒などを漬ける時に使います。密閉性の高いガラスやプラスチック製がおすすめ。容量の目安は、梅干しは梅の2倍量以上、梅シロップと梅酒は梅の3倍量以上。

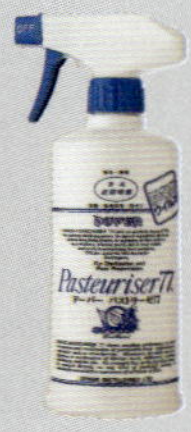


### 食品用アルコール

保存容器は食器用洗剤で洗ってしっかり乾燥させれば充分ですが、不安な方は食品用アルコールで消毒してもいいでしょう。アルコールはふき取らず、自然乾燥させます。

## ◎ジッパーつき保存袋

大きい保存容器を用意しなくても梅干しを手軽に漬けられます。少量から漬けやすいのもメリット。長期間保存するので、厚手で丈夫なものを選んでください。この本ではLサイズ（28×27㎝程度）を使用します。

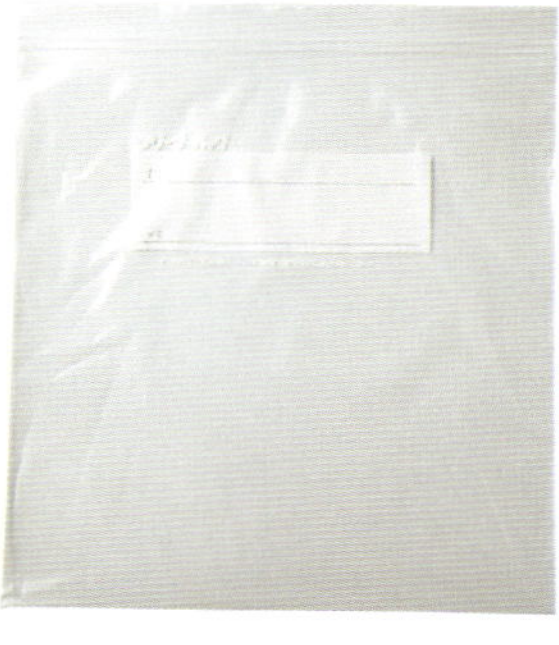

## ◎竹串・つまようじ

青梅のヘタを取るために使います。

## ◎おぼん・バット・大きめの平皿など

保存袋で梅干しを漬ける時に、重しの下に敷いて均等に重しがかかるようにします。底が平らなものを用意してください。

## ◎バット・平皿

本書では、バットや平皿で梅の塩漬けを天日干しします。ホーローやガラス、陶器製のものを。

### ざる・干し網ネット

一度にたくさん梅を天日干ししたい場合は、大きめの梅干し用のざるがあると便利。また、複数段になった吊り下げタイプのネットがあれば一気に干せます。

## ◎ホーロー製の鍋

梅ジャムなどを作る時に使います。土鍋やテフロン加工のものでも可。

◎これらの道具のほかに、ボウルなどの一般的な調理器具やキッチンペーパー、干し上がった梅干しを保存する密閉容器（ガラスやプラスチック製）、ジャムなどを入れるビンを使います。

# 梅仕事　基本の材料

基本的にそれほど高級なものを使う必要はありませんが、塩はこだわってみてください。

## ◎塩

塩が梅干しの味を決めると言っても過言ではありません。精製塩ではなく、天然塩をおすすめします。一番大切なのは、自分が舐めて美味しいと思える塩です。

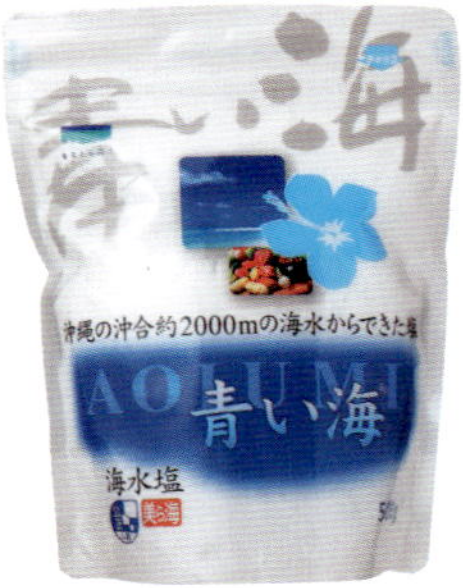

## ◎梅酢

梅干しを漬ける時に出るエキスで、スーパーやネット通販で購入できます。前年に漬けた梅干しの梅酢でもＯＫ！梅を漬ける時に、お酒ではなく梅酢で消毒すればノンアルコールで安心です。梅ボーイズの商品については１６３ページ参照。

## ◎もみ紫蘇

梅干しやカリカリ梅の紫蘇漬けを作る時に使います。赤紫蘇のシーズンの方が梅よりも早いので、もみ紫蘇は先に購入して冷蔵保存しておくのがおすすめです。

## ◎砂糖

梅シロップと梅酒には氷砂糖、梅ジャムと梅の甘露煮にはグラニュー糖を使います。クセのない甘みで梅の風味の邪魔をしません。

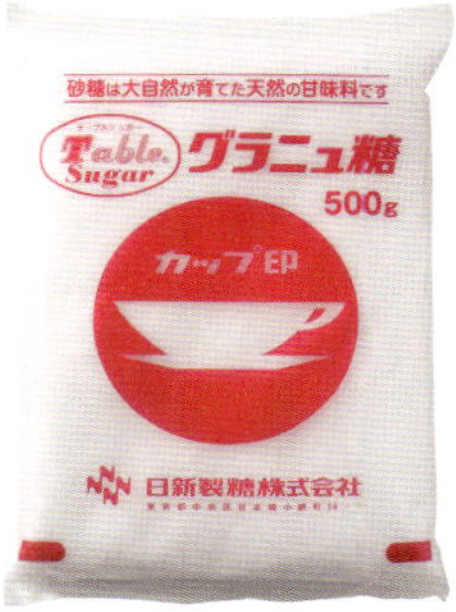


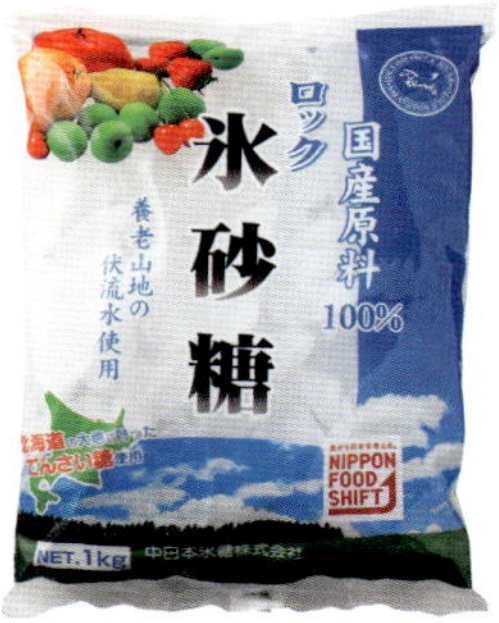

わが家ではてんさい糖を使うことも。黒砂糖のようなまろやかで優しい甘みになります。お好みの砂糖を見つけてみて!

## ◎はちみつ

梅シロップや梅ジャムなどを作る時に砂糖と組み合わせて使うことでコクを加えます。わが家では、和歌山のみかんはちみつを愛用しています。

## ◎酒

梅酒用の酒は好みでＯＫですが、イチオシはウォッカ。ホワイトリカーや焼酎よりも梅の香りが際立ちます。ほかにテキーラ、ブランデー、ウイスキー、日本酒、ジン、ラムもおすすめ。酒税法の決まりでアルコール度数20度以上のものを選んでください。

# 梅干し

## 梅の塩漬け

梅仕事の基本は塩漬けからスタートします。
梅干し屋がたどり着いた、
初心者でも簡単に美味しく漬けるコツ。

| 梅仕事の時期 | 食べごろ | 保存 |
|---|---|---|
| 6月上旬～7月上旬 | 1か月後～ | 常温で1年以上 |

**材料** 作りやすい分量

完熟梅 … 500g

天然塩 … 90g（梅の18％）

梅酢（あれば・塩分15～20％） … 大さじ2～

**用意するもの**

□ 保存容器（ガラスやプラスチックのもの） … 1Lサイズ～

□ 重し（ビニール袋に入れた塩など）

**作り方**

1

梅を洗い、キッチンペーパーでしっかり水けをふき取る。完熟梅は水にさらす必要はなく、ヘタもついていないので取る必要はありません。

2

ボウルや小皿に梅酢を入れ、梅をくぐらせる。

**POINT**

梅酢がなければ省いてもよいが、梅の表面に梅酢の塩分を行き渡らせることでカビにくくなり、梅酢も早く出ます。

3

梅に塩をまぶし、表面に傷をつけるように擦り込む。特にヘタの部分はしっかりと塩を埋めるようにする。

**POINT**

細かな傷をつけることで梅酢が早く出やすくなる。

4

清潔な保存容器に梅を入れていき、最後に残った塩を上から振りかける。

**POINT**

ジッパーつき保存袋で漬ける場合はP.46へ。

5

上から重しをする。梅酢があがってきた時に梅が浮かんできてしまうと、空気に触れたところからカビが発生しやすくなる。

**POINT**

重しは塩（分量外）をビニール袋に詰めたものなど、梅が浮かないようにできればなんでもOKです。

6

直射日光が当たらない場所で1か月以上漬ける。塩分15％以上なら冷蔵庫に入れる必要はありません。

7

翌日の様子。少し梅酢があがってきている。1日1回程度、容器を振って梅酢が行き渡るようにする。

8

1か月以上漬けたら干せる状態になる。漬けてから1週間程度で上まで梅酢があがってくるので、梅が潰れそうな場合は重しの量を減らす。

**POINT**

漬かったら天日干し（P.48）へ進みます。

## ◎梅酢って何？

梅酢とは、梅干しを漬ける過程で出る、梅の果汁と塩分を含んだエキスのこと。「酢」と言ってもお酢ではありません。クエン酸が豊富で、血液サラサラ効果や整腸作用があるとされています。

わが家では醤油に並ぶ万能調味料として活用しており、なんと昔は梅酢を取るために梅を漬けていたと言われるほど！　白梅酢（写真上）と紫蘇梅酢（下・紫蘇漬けの時に出るエキス）があります。

## （ジッパーつき保存袋で漬ける場合）

**●材料** 作りやすい分量

完熟梅 … 500g

天然塩 … 90g（梅の18％）

梅酢（塩分15～20％）… 大さじ2

**●用意するもの**

□ ジッパーつき保存袋 … Lサイズ2枚

□ 重し（ビニール袋に入れた塩、水を入れたペットボトルなど）… 約500g分（梅と同量）

□ おぼん、バット、大きめの平皿など

1

梅を洗い、キッチンペーパーでしっかり水けをふき取る。完熟梅は水にさらす必要はなく、ヘタもついていないので取る必要はありません。

2

ジッパーつき保存袋に梅を入れ、梅酢を加える。一旦袋の口を閉じて、軽く振って全体に梅酢を行き渡らせる。

3

保存袋に塩を加え、空気を抜きながら封をする。全体に塩を行き渡らせ、梅の表面に塩で傷をつけるように袋の上からしっかり力を加えながらゴロゴロと転がし混ぜる。

**POINT**

細かな傷をつけることで梅酢が早く出やすくなる。

4

保存袋を二重にして、再びしっかり空気を抜いて口を閉じる。上におぼんなどを重ねて重しをのせて、直射日光が当たらない場所で1か月以上漬ける。

5

翌日の様子。少し梅酢があがってきている。ときどきひっくり返す（最初は1日1回、梅酢があがってきたら3日に1回程度）。

6

1か月以上漬けたら干せる状態になる。

**POINT**

ビンなどの容器で漬けるより早く梅酢に浸かります。塩分15％以上なら冷蔵庫に入れる必要はありません。

### 梅ボーイズのひとこと

漬かった後はどれだけ寝かせても大丈夫。塩分15％以上なら漬けたまま常温で1年以上保存できます。

# 梅干し
## 白干し梅

塩漬けした梅を干すことで
ふっくらふわふわに仕上がります。
雨の心配なく室内で干せる方法をご紹介。

| 梅仕事の時期 | 食べごろ | 保存 |
| --- | --- | --- |
| 7月上旬～9月上旬 | 3か月後～ | 常温で1年以上 |

● **材料** 作りやすい分量

梅の塩漬け（P.42、56）… お好みで

● **用意するもの**

□ バットまたは平皿
（ステンレスなど金属製は梅の酸でサビてしまうので注意）

□ ざるまたは干し網ネット（一度にたくさん干したい場合）

□ 保存容器（ガラスやプラスチックのもの）

## 作り方

1

天気予報で3～4日間雨が降らない日に天日干しをする。漬けた梅の水分を切りながら、バットや平皿に並べていく。

**POINT**
一度にたくさん干したい場合は、ざるやネットを使うのがおすすめ。梅酢は干さなくてよい。

2

日当たりの良い窓際において干す。干す時間を短縮したい場合は扇風機の風をゆるく当ててもよい。

**POINT**
広いスペースがあれば、もちろん庭やベランダで干してもOK！

3

1日干して、表面が乾いてきたらひっくり返す。気温の低い朝や夕方以降の方が梅がバットにくっつきにくく、ひっくり返しやすい。

4

もともと皮が破れていたり、途中で破れてもそのまま干し続けてOK。ただし乾くのが早いので様子を見ながら早めに引き上げるといい。2～4日間でもう一度ひっくり返し、両面がしっかり乾いたら保存容器に移す。

永久保存版

# 梅仕事のFAQ

## 梅仕事の始め方編

**Q** 小梅では何を作るのがいいでしょうか？

**A 梅干しやカリカリ梅がおすすめ**

通常、青梅で梅干しを漬けると皮が固くなってしまいますが、小梅なら青梅でも比較的柔らかく漬かるので梅干しにするのがおすすめ。カリカリ梅も美味しく仕上がりますよ。

**Q** 専用の容器が必要ですか？

**A 家にある保存袋で漬けられます**

梅干しは、ジッパーつき保存袋で漬けられます。小分けにすれば塩の種類や濃度もアレンジしやすく、何より手軽なのでおすすめです。「せっかくなら容器も揃えたい！」という場合は、容量に注意して選んでください。梅干しは梅の2倍量、梅シロップや梅酒は梅の3倍量が目安です。

**Q** いつから準備を始めればいい？

**A 梅が届く前に早めに！**

梅の到着に合わせて塩などを購入しておきましょう。梅は傷みやすいので届いたらすぐに漬けられるように、ほかの材料はあらかじめ計算して準備を。梅干し用の容器やもみ紫蘇は、梅仕事のシーズンは品薄になるので気をつけて。

**Q 傷のある梅は漬けない方がいいですか？**

**A 傷は気にしすぎない**

完熟梅には傷がつきもの。神経質にならず、できるだけ余すことなく漬けてもらえたらと思います。きれいな梅は梅干し、小さい傷は梅シロップや梅酒、大きめの傷は梅ジャム……と使い分けると、無駄なく美味しくいただけます。

**Q 完熟梅をすぐに仕込めません…**

**A 2～3日なら大丈夫**

手に入った当日中に仕込めるとベストですが、2～3日以内であれば問題ありません。翌日なら風通しのいい場所で、2日以上なら冷蔵庫で保存してください。密閉すると梅自身の水分で傷みが早くなるので、段ボール箱ならふたを開け、ビニール袋なら袋から出して。

**Q 梅仕事でよく聞く「発酵」って何？**

**A 梅の酵母が原因。腐っているわけではありません**

梅干しや梅酒、梅シロップを漬ける時に発酵が起こることがあります。梅に含まれる酵母が糖分を分解してアルコールを作るのです。プップッと泡が出て、ビンを開けた時にプシュッとガスが抜けた音がしたら発酵しかけています。身体に害はありませんが、アルコール臭がしたり味に影響してしまうので、この本ではできるだけ発酵を防ぐように作り方を工夫しています。

# 梅干しの紫蘇漬け

梅干し屋がたどり着いた
中まで真っ赤に染める一番のコツは、
干した後の梅干しで作ること。

| 梅仕事の時期 | 食べごろ | 保存 |
|---|---|---|
| いつでも | 2週間後〜 | 冷蔵で1年以上 |

### ●材料　作りやすい分量

白干し梅（干した後の梅干し・P.48）… 250g
もみ紫蘇（塩分15〜20%）… 50g（梅干しの20%）
梅酢（塩分15〜20%）… 適量

### ●用意するもの

- □ 保存容器（ガラスやプラスチックのもの）
- □ 重し（必要に応じて・ビニール袋に入れた塩や小皿など）

※紫蘇の風味を保つなら冷蔵で半年以内に食べきるのがおすすめ。

### ●作り方

1　清潔な保存容器の底に梅干しを敷き詰める。

**POINT**
皮が破れている梅干しもOK。梅酢に浸すので、古くなって乾燥した梅干しも紫蘇漬けにすることで水分が戻ります。

2　梅干しの上に、もみ紫蘇を敷き詰める。

**POINT**
赤紫蘇から自分でもみ紫蘇を作る場合はP.55参照。手作りなら全体の塩分濃度を調整しやすくなります。

3

梅干し、紫蘇、梅干し、紫蘇……と交互にミルフィーユ状になるように詰めていく。一番上にのせる紫蘇の量を多めにすると全体がきれいに染まりやすい。

4

梅酢を加える。

**POINT**

梅酢は梅を漬けた時のものでも、市販のものでもOK。また、白梅酢でも紫蘇梅酢でも構いません。

5

梅酢はひたひたに入れる。梅酢に浸かりきらない場合や、容器が大きい場合は重しをする。

**POINT**

容器ぴったりの量で漬けると中の圧力が重し代わりになるので、容器に合わせて梅干しの量を調整するのがおすすめ。

6

ふたをして2週間～1か月漬ける。全体の塩分濃度が15％以上なら、直射日光が当たらない場所で常温保存。15％未満は冷蔵保存。

**POINT**

もみ紫蘇と梅酢の塩分濃度が梅干しより高いと、その分塩分濃度が元の梅干しより少し高くなります。

7

約3か月漬けた状態。容器のふたが金属製の場合、サビやすいので注意(ステンレスは1か月以内ならOK)。1か月以上保存する場合は、金属の使われていない容器を使ってください。

### 梅ボーイズのひとこと

先に天日干しした梅干しで作ることがきれいに染めるコツ。塩漬けの状態で紫蘇を入れると梅が水分を含んでいるので吸収しづらいのですが、先に干すことで水分を吸収して染まりやすくなります。

### ◎もみ紫蘇の作り方

生の赤紫蘇が手に入るようなら、自分でもみ紫蘇を作ってみましょう。

1 茎から葉を1枚ずつ取り外し、流水でしっかり洗って汚れを落とす。

2 水けを切り、塩(紫蘇1束250gに対して大さじ1)を振りかけ、約3分、手でもみ込んだ後、水分をしっかり絞る。

3 再び塩大さじ1を振ってもみ込み、水分を絞る。絞った紫蘇(70gほどになります)に同量の梅酢を加えて完成。

# 低塩分梅干し

お酢もアルコールも不要なのに、
低塩分でもカビない。
シンプルな8％梅干しです。

| 梅仕事の時期 | 食べごろ | 保存 |
| --- | --- | --- |
| 6月上旬～7月上旬 | 3週間から1か月後～ | 干す前：冷蔵で半年<br>干した後：冷蔵で1年以上 |

● **材料** 作りやすい分量

完熟梅 … 500g

天然塩 … 40g（梅の8%）

梅酢（塩分15～20%）… 大さじ2～

● **用意するもの**

□ ジッパーつき保存袋 … Lサイズ2枚

□ 重し（ビニール袋に入れた塩、水を入れたペットボトルなど）

… 約500g分（梅と同量）

□ おぼん、バット、大きめの平皿など

● **作り方**

**1**

梅を洗い、キッチンペーパーでしっかり水けをふき取る。完熟梅は水にさらす必要はなく、ヘタもついていないので取る必要はありません。

**2**

ボウルや小皿に梅酢を入れ、梅をくぐらせる。

**POINT**

塩が少ない分漬かりが遅くなるので、梅酢は必ず使ってください。

3

ジッパーつき保存袋に梅を入れ、塩を加える。低塩分で漬ける場合は、ビンなどの容器ではなく保存袋の方が、梅酢の出方が少なくても全体が浸かりやすいのでおすすめ。

4

保存袋の空気を抜きながら封をする。全体に塩を行き渡らせ、梅の表面に塩で傷をつけるように袋の上からしっかり力を加えながらゴロゴロと転がし混ぜる。

**POINT**

細かな傷をつけることで梅酢が早く出やすくなる。

5

保存袋を二重にして、再びしっかり空気を抜いて口を閉じる。上におぼんなどを重ねて重しをのせ、冷蔵庫で3週間〜1か月以上漬ける。

6

翌日の様子。少し梅酢があがってきている。ときどきひっくり返す(最初は1日1回、梅酢があがってきたら3日に1回程度)。

7

3週間〜1か月以上漬けたら干せる状態になる。

**POINT**

天日干しのやり方はP.48へ。

### 梅ボーイズのひとこと

干さずにこのままでもいただけます。塩分濃度が低めなので、干したてでも食べやすいというメリットも（塩分濃度が高い場合は、干した後3か月ほど寝かせることで塩味がまろやかになる）。

### ◎シンプルな梅干しは塩が肝

梅と塩だけのシンプルな梅干しなので、素材で仕上がりの味が決まります。塩選びの最も大事なポイントは「天然塩」を使うこと。含まれるミネラルによって味わいが変わります。梅を少しずつ分けて、いろいろな塩で漬け分けてもいいですね。こだわるほど愛着も湧くはず！

［ 僕のおすすめの塩 ］

ぬちまーす

株式会社ぬちまーす

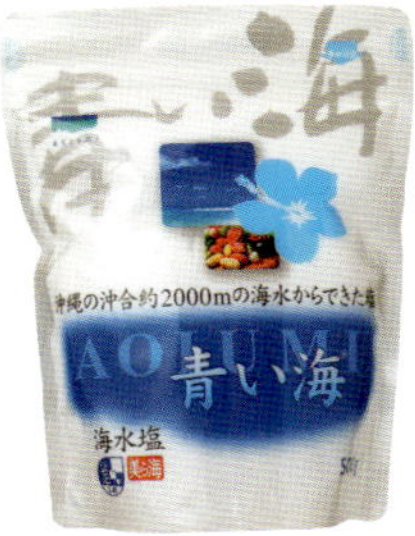


沖縄の海水塩 青い海

シママース本舗

永久保存版

# 梅仕事のFAQ トラブル編❶

**Q** 完熟梅は本当にアク抜き不要なの？

**A 完熟梅にはアクがほとんどありません**

実が熟す過程でほとんどアクは抜けています。また、水に長時間浸けると逆に傷みやすくなってしまいます。もし汚れや虫が気になる場合は30分だけ水にさらしてもいいでしょう。

**Q** 梅酢がなかなか出ません…

**A 毎日梅酢にくぐらせると梅酢が出やすい**

容器で漬けた梅がなかなか梅酢に浸かりきらない時は、毎日振って、上の方の梅を梅酢にくぐらせてあげてください。そうすることで梅酢が出やすくなるはず。または、ジッパーつき保存袋で漬けるのも手。少量の梅酢でもしっかり浸かります。

**Q** 重しはいつ外したらいい？梅が潰れそうで心配です

**A 天日干しまでのせたままでOK**

梅酢があがったら外しても構わないのですが、重しを外すと梅の実が浮いて空気に触れて、カビや酵母が発生しやすく……。なので、基本的には重しは干す直前までそのままがおすすめ。重しを外す必要がある場合は、その後は毎日容器を振って、表面（上層）の梅に梅酢をかけましょう。

**Q 梅酢が濁っています。これってカビ？**

**A 果肉による濁りなら問題なし**

梅酢の中心（空気に触れていないところ）からカビが生えることはありません。容器の中の方が濁っているなら、それは傷のある梅から果肉が漏れているだけなので問題ありません。もし空気に触れている梅酢の表面が濁っている場合は、カビや酵母の可能性があるのでその部分を取りのぞいてください。

**Q 梅の表面が白くヌルヌルしてきた…**

**A カビが生えても対処できます**

重しを外した後、表面の梅に梅酢をかけるのを忘れてしまった場合……白くなった梅はカビが生えている可能性が高いです。ほかの梅に触れないようにそっと取り出し、新しいきれいな梅酢でヌルヌルを洗い落とした後、念のため別の容器で漬けてください。

**Q カビと酵母の見分け方は？**

**A 色と質感をよく見る**

カビは黒や緑っぽい色でほわほわした見た目、酵母は白色です。酵母は身体に害はありませんが、味が変わってしまうためどちらにしても取りのぞきます。

**Q 漬けた翌日、梅の色が一部変わってしまった**

**A 黒っぽくなるのは問題なし**

塩漬けした梅が一部変色することがありますが、これは傷の跡が時間の経過とともに黒くなっただけ。大きな傷を取りのぞいてあるなら心配いりません。

# 即席はちみつ梅

塩だけの梅干しをはちみつ梅にアレンジ。
ご飯と合う自然な甘さで、塩分濃度も下がるので
家族の好みや気分で食べ分けて。

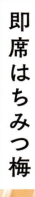

**● 材料** 作りやすい分量

梅干し … 100g
はちみつ … 40g
水 … 100㎖

**● 用意するもの**

□ 保存容器（ガラスやプラスチックのもの）

| 梅仕事の時期 | 食べごろ | 保存 |
| --- | --- | --- |
| いつでも | 翌日～ | 冷蔵で1週間 |

**● 作り方**

**1**

清潔な保存容器にはちみつと水を入れて混ぜ合わせる。

**POINT**
はちみつが少ないと水を吸いすぎ、多いとうまく吸わないので、はちみつと水の比率は正確に計量してください。

**2**

梅干しを入れ、梅干しの頭までしっかりはちみつ液に浸かるようにする。

**3**

冷蔵庫で1日以上漬け、梅がはちみつ液を吸って柔らかくぷくぷくになれば完成。

**POINT**
元の梅干しの半分弱の塩分濃度になる（元が18％なら完成は約8％）。残ったはちみつ液は水や炭酸水で割っていただけます。

# 種なし干し梅

干し梅にすることで携帯しやすく、
夏のお出かけの栄養補給やおやつにも。
自家製ならではの無添加が嬉しい。

| 梅仕事の時期 | 食べごろ | 保存 |
|---|---|---|
| 7月上旬～9月上旬 | 完成後すぐ～ | 常温で1年以上 |

## ● 材料　作りやすい分量

梅干し（塩分15％以上）… お好みで

## ● 用意するもの

- □ バットまたは平皿
- □ クッキングシート
- □ ジッパーつき保存袋や密閉容器

## ● 作り方

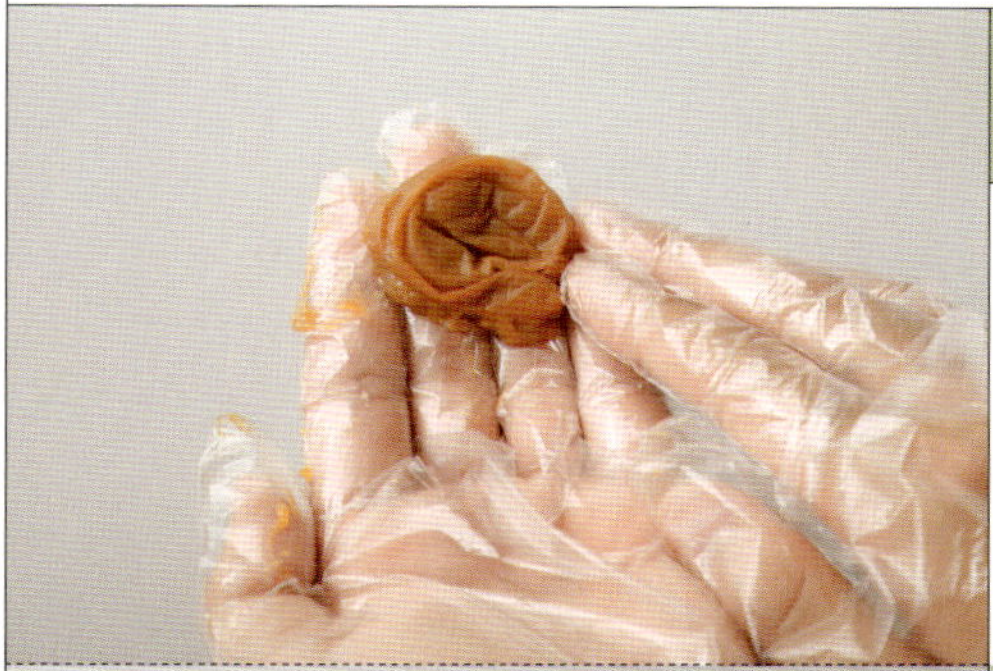

1 梅干しの種をトゲに注意して取りのぞく。皮の破れた部分を下側にして閉じるようにしながら薄く成型する。

2 バットや平皿にクッキングシートを敷き、1の梅を並べる。日当たりの良い窓際や庭、ベランダにおいて干す。

3 1日干して、表面が乾いてきたらひっくり返す。ときどきひっくり返しながら2～3日ほど乾燥させ、押して水分が出ない程度になったら完成。ジッパーつき保存袋や密閉容器に移して保存する。

# 梅シロップ

梅と氷砂糖を詰めるだけ――梅シロップは
一番手軽にできる梅仕事！
甘ずっぱい梅ジュースは暑い夏の定番です。

| 梅仕事の時期 | 食べごろ | 保存 |
|---|---|---|
| 5月下旬～7月上旬 | 1か月後～ | 冷蔵で1年以上 |

### 材料　作りやすい分量

完熟梅または青梅 … 300g（おすすめは完熟梅）
氷砂糖 … 300g（梅と同量）

### 用意するもの

- □ 保存容器（ガラスやプラスチックのもの） … 1Lサイズ～
- □ 竹串またはつまようじ（青梅を使う場合）

### 梅の選び方

左はそのまま漬けてOK！　右のように茶色い傷みが広がって柔らかくなっていたら、傷の部分をカットして使うといい。

**POINT** 梅干しには向かない大きめの傷がある梅は梅シロップや梅酒、梅ジャムに使うのがおすすめ。

### 作り方

1

梅を洗い、キッチンペーパーでしっかり水けをふき取る。完熟梅は水にさらす必要はなく、ヘタもついていないので取る必要はありません。

2

青梅を使う場合は、1時間ほど水に浸け、汚れ取りとアク抜きをする。キッチンペーパーでしっかり水けをふき取り、ヘタを竹串またはつまようじで取る。

**POINT**

ヘタの部分に水分が残りやすいので注意。

3

梅に竹串で穴を開ける（1粒あたり5か所ほど）。穴を開けることで早くエキスが出る。

4

清潔な保存容器の底に梅を敷き詰める。

5

梅の上に氷砂糖を敷き詰める。

**POINT**

まんべんなく氷砂糖が行き渡るように。

6

梅、氷砂糖、梅、氷砂糖……と交互にミルフィーユ状になるように詰めていく。ふたをして冷蔵庫で1か月以上漬ける。

7

翌日の様子。少しエキスが出てきたら、ときどき容器を振って混ぜる（氷砂糖が溶けて梅が完全に浸かるようになったら振る必要はない）。約1か月で完成。

**POINT**

振って梅の表面にエキスをなじませることで発酵を防ぎます。

## ◎梅シロップのアレンジいろいろ

完熟梅ならフルーティーで濃厚、青梅ならさっぱり軽やか。どちらも良さがあります。氷砂糖の代わりに、てんさい糖、はちみつなど砂糖の種類を変えたり、アレンジしてみて。

- 梅300g＋てんさい糖300g＝コクが深く、上品で優しい甘みに仕上がります。梅：砂糖＝1：1が基本。
- 梅300g＋はちみつ300g＋黒酢またはリンゴ酢60g＝爽やかな味わいで夏にぴったり。酢の殺菌効果で発酵も抑えられます。

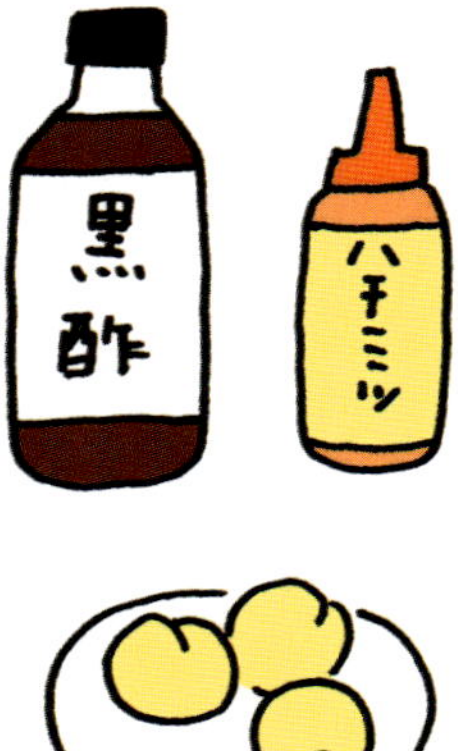

# 梅酒

梅農家が研究を重ねた本格梅酒。
梅のエキスをしっかり引き出す、
一番美味しい作り方を教えます。

| 梅仕事の時期 | 食べごろ | 保存 |
|---|---|---|
| 5月下旬～7月上旬 | 3か月～半年後 | 常温で1年以上 |

**材料** 作りやすい分量

完熟梅または青梅 … 720g（おすすめは完熟梅）
酒（おすすめはウォッカ） … 720mℓ（梅と同量）
氷砂糖 … 180g（梅の25％）

**用意するもの**

□ 保存容器（ガラスやプラスチックのもの） … 2Lサイズ～
□ 竹串またはつまようじ（青梅を使う場合）

**作り方**

1 梅を洗い、キッチンペーパーでしっかり水けをふき取る。完熟梅は水にさらす必要はなく、ヘタもついていないので取る必要はありません。

2 青梅を使う場合は、1時間ほど水に浸け、汚れ取りとアク抜きをする。キッチンペーパーでしっかり水けをふき取り、ヘタを竹串またはつまようじで取る。

**POINT**
ヘタの部分に水分が残りやすいので注意。

3

清潔な保存容器の底に梅を敷き詰める。

4

梅の上に氷砂糖を敷き詰める。

**POINT**

甘みは後で調整できるので漬ける段階では砂糖少なめがおすすめ。これが梅のエキスが出るギリギリの下限です。

5

梅、氷砂糖、梅、氷砂糖……と交互にミルフィーユ状になるように詰めていく。

**POINT**

まんべんなく梅と氷砂糖が混ざるように。

6

酒を注ぎ入れる。ふたをして直射日光が当たらない場所で3か月～半年以上漬ける。

**POINT**

砂糖が少なく梅のエキスが出るのに時間がかかるので、できれば半年ほど漬けるのがおすすめ。

**7**

翌日の様子。ほとんど氷砂糖が溶けている。ときどき容器を振って混ぜる。

**POINT**
途中で味をみて、甘さが足りなければ好みで氷砂糖を追加してください。

## 梅ボーイズのひとこと

梅:酒:砂糖＝4:4:1が黄金比率。酒1瓶の分量を基準にすると作りやすいです。砂糖ゼロだと梅のエキスが出ないので、最低でも梅の1/4量は入れてください。甘さが足りない場合は後から調整できるので、少しずつ味見しながら足してみてください。

### ◎梅酒バリエーション

一般的にホワイトリカーで作るレシピが多いですが、使うお酒によって大きく味わいが変わります。好きなお酒で漬けてみて。

- ウォッカ…僕のイチオシ。キリッとすっきり梅の香りが生きた味になります。
- テキーラ…上品な香りで梅との相性ナンバーワン！ アガベ100%の商品（ほかの穀物の添加がないもの）を選んでください。
- 日本酒…甘めで飲みやすい梅酒に。アルコール度数に注意。必ず20度以上のものを。

# 梅ジャム

完熟梅の果肉とフルーティーさを味わう
黄金色のジャム。長期保存できる糖度です。
傷梅や少量の梅でも作れる！

| 梅仕事の時期 | 食べごろ | 保存 |
|---|---|---|
| 6月上旬～7月上旬 | 完成後すぐ | 冷蔵で1年 |

### 材料　作りやすい分量

完熟梅 … 500g
グラニュー糖 … 200g
はちみつ … 200g
※グラニュー糖とはちみつを合わせて梅の80%

### 用意するもの

- □ 鍋（ホーロー、土鍋、テフロン加工のもの）
- □ 木べらまたはゴムべら
- □ 保存ビン

### 梅の選び方

梅干しにはできない大きい傷があるものを使うと梅を無駄にしません。傷の部分やカビが生えていたらその部分は取りのぞく。

**POINT**　生の梅の方が香りが強くてベストですが、冷凍梅でも美味しく仕上がります。

### 作り方

1

梅を洗って鍋に入れ、梅の頭までかぶるくらいの水を張る。

## 2

中火で加熱し、グツグツと沸騰してきたら火を止める。梅の中まで柔らかくなっている。

## 3

ボウルにあげて梅を冷ます。水分が残っていると酸味が強くなるので、しっかり水けを切りながらボウルに移す。

## 4

梅が冷めたら湯を捨てた鍋に戻し、トゲに注意しながら手で種を取りのぞく。

**POINT**

手で潰すことで果肉感を残す。

## 5

グラニュー糖を加えて混ぜ合わせる。

**POINT**

てんさい糖や粗糖、はちみつだけでもよいが、クセがないグラニュー糖は完熟梅のフルーティーさを引き出してくれます。

6

弱火にかけ、へらでかき混ぜながら加熱する。少しぷくぷくと泡が出てきたら、沸騰直前で火を止める。

**POINT**
加熱しすぎるとアクが出るので注意。

7

はちみつを加えて混ぜ合わせる。

**POINT**
はちみつは火を止めてから加えることで香りを残します。

8

熱いうちに清潔な保存ビンに移す。すぐにふたをして、粗熱が取れたら冷蔵庫で保存する。

### 梅ボーイズのひとこと

パンやヨーグルトと一緒に。梅干しを漬けた残りや傷がある梅で数粒からでも作れますし、たっぷり作って次の梅シーズンまで楽しんでも。

# 梅の甘露煮

梅をまるごと楽しむ、贅沢な夏のデザート。
ひんやり美味しくて、
甘さと酸味のバランスが絶品！

| 梅仕事の時期 | 食べごろ | 保存 |
|---|---|---|
| 6月上旬〜7月上旬 | 完成後すぐ〜 | 冷蔵で1週間 |

**材料** 作りやすい分量

完熟梅 … 200g
グラニュー糖 … 160g
水 … 大さじ1

**用意するもの**

- □ 竹串
- □ 小鍋（ホーローやテフロン加工のもの）
- □ 木べらまたはゴムべら

**作り方**

1 梅を洗い、キッチンペーパーでしっかり水けをふき取る。完熟梅は水にさらす必要はなく、ヘタもついていないので取る必要はありません。

2 梅に竹串で穴を開ける（1粒あたり5か所ほど）。穴を開けることで皮が破れにくくなる。

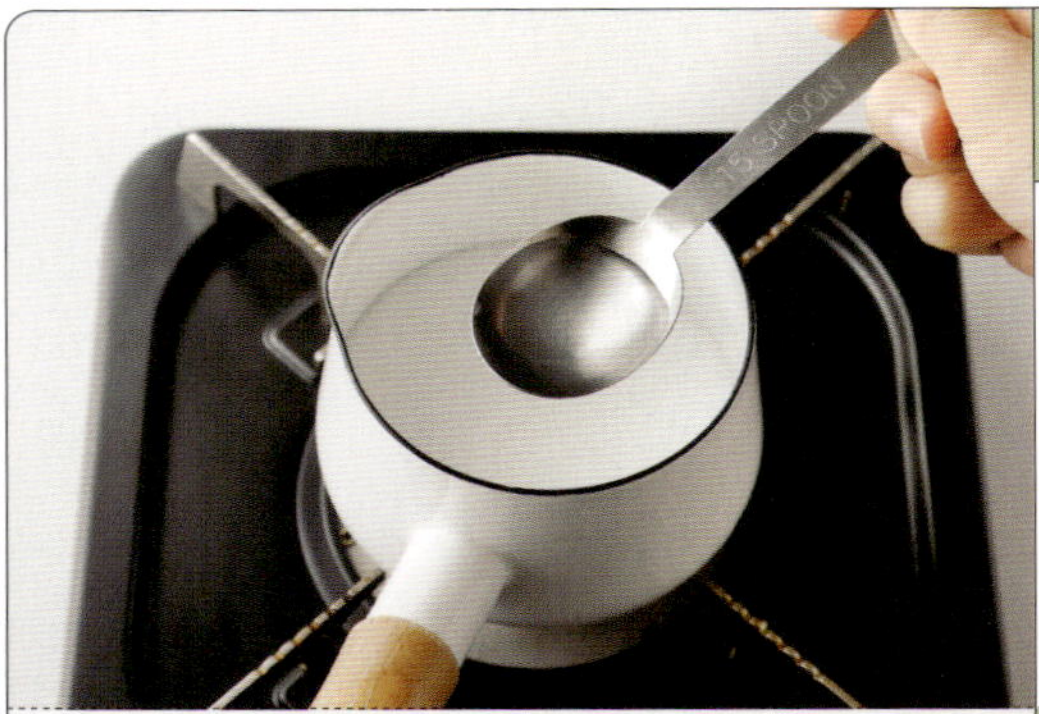

3

小鍋にグラニュー糖と水を入れ、とろ火～弱火にかけてグラニュー糖を混ぜ溶かす。

4

グラニュー糖が溶けたら梅を優しく入れ、グラニュー糖を煮からめながら煮詰めていく。ぷくぷくと泡が出てきたら沸騰直前で火を止める。

**POINT**

梅は動かしすぎないこと。ミルクパンサイズの鍋なら梅が動きづらく、深さも出るので作りやすいです。

5

表面に照りが出たら完成。粗熱が取れたら冷蔵庫で冷やす。

**POINT**

途中で白っぽい気泡が出ることがありますが、完熟梅ならアク取りは不要。

## 梅ボーイズのひとこと

表面は甘く、中はすっぱい、夏にぴったりの一品！　完熟梅は柔らかいので多少皮が破れても気にしなくてOKです。残ったエキスにもほんのり梅の香りがついているので、さっぱりした砂糖代わりに料理に使えます。

# ねり梅

梅は加熱することで健康効果がアップ！
そうめんや肉、魚介と合わせて…
今すぐにいただける梅仕事。

| 梅仕事の時期 | 食べごろ | 保存 |
| --- | --- | --- |
| 6月上旬～7月上旬 | 完成後すぐ～ | 冷蔵で2～3日 |

**材料** 作りやすい分量

完熟梅 … 300g

もみ紫蘇（塩分15～20%）… 30g

昆布 … 約10cm

本みりん … 大さじ1

はちみつ … 大さじ1～

**用意するもの**

□ 鍋（ホーロー、土鍋、テフロン加工のもの）

□ 木べらまたはゴムべら

□ 保存容器（ガラスやプラスチックのもの）

**作り方**

1

梅を洗い、キッチンペーパーでしっかり水けをふき取る。完熟梅は水にさらす必要はなく、ヘタもついていないので取る必要はありません。

2

はちみつ以外の材料を鍋に入れ、弱火にかける。

3

焦げないように優しく混ぜながら加熱する。梅の果汁が出て柔らかくなってきたら、梅をへらで潰しながら混ぜる。

4

全体がとろっとしてきたら火を止め、梅の種を取りのぞく。

5

はちみつを加えて混ぜる。味をみて甘みを調整する。

**POINT**

はちみつは火を止めてから加えることで香りを残します。

6

清潔な保存容器に移して、粗熱が取れたらふたをして冷蔵庫で保存する。

**POINT**

塩を入れずにもみ紫蘇の塩分だけで作るので、いろいろな料理に塩味をあまり加えず、酸味だけプラスできます。

# カリカリ梅

簡単なコツで1年経ってもカリカリのまま。
青梅の爽やかさが生きるカリカリ梅は、
おつまみや料理に！

| 梅仕事の時期 | 食べごろ | 保存 |
|---|---|---|
| 5月下旬～6月中旬 | 1か月後～ | 冷蔵で1年 |

## ●材料 作りやすい分量

青梅または小梅 … 500g
梅酢（塩分15～20％） … 200mℓ
※梅酢がない場合→天然塩…50g（梅の10％）
卵の殻 … 1個分

## ●用意するもの

- □ 竹串またはつまようじ
- □ ジッパーつき保存袋 … Lサイズ2枚
- □ お茶パックまたはコーヒーフィルター

## ●梅の選び方

写真中央のような青くて固い青梅が良い。左は若すぎて産毛がはっきりついてハリがない。右は黄色く熟しかけている。

**POINT** スーパーの青梅は熟しかけている場合が多いので、産直通販で購入できればベスト。（熟しかけはカリカリ感が減るが、浅漬け風になって食感の違いを楽しめます）

## ●作り方

1　梅を1時間ほど水に浸け、汚れ取りとアク抜きをする。

**POINT**
小梅の青梅で作る場合も同じ手順です。

## 2

キッチンペーパーでしっかり水けをふき取り、ヘタを竹串またはつまようじで取る。

**POINT**

ヘタの部分に水分が残りやすいので注意。

## 3

ジッパーつき保存袋に梅を入れ、梅酢を加える。

**POINT**

塩ではなく梅酢で漬けることで、早く漬かるのでカリカリになりやすい。

## 4

卵の殻は煮沸消毒し、殻の内側の薄い皮を取りのぞく。ゆで卵の殻ならすでに煮沸されているのでそのまま使ってよい。

## 5

卵の殻を電子レンジ（600W）で約1分加熱（または天日干し）して乾燥させる。お茶パックまたはコーヒーフィルターに入れる。

**POINT**

ここで水分が残っているとカビの原因になるので注意。

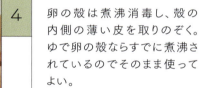

6

3の保存袋に5の卵の殻を入れる。空気を抜きながら口を閉じ、さらに保存袋を二重にする。

**POINT**
卵の殻のカルシウムの効果で、梅が固いままキープされます。

7

冷蔵庫で1か月以上漬ける。ときどき袋を振って混ぜる。

**POINT**
卵の殻は入れたまま保存してOK！

## ◎塩で漬ける場合は…

梅酢がなくても塩でカリカリ梅を漬けることができます。

1 保存袋に梅と塩を入れ、梅の表面に塩で傷をつけるように袋の上からしっかり力を加えながらゴロゴロと転がし混ぜる。

2 乾燥させてお茶パックまたはコーヒーフィルターに入れた卵の殻を加え、保存袋を二重にする。

3 重しをのせて（47ページ参照）冷蔵庫に入れ、ときどき袋をひっくり返す。

# カリカリ梅の紫蘇漬け

爽やかな青梅から、紫蘇を加えることで一気にフルーティーに変化します。果肉感たっぷりで食べ応え◎！

| 梅仕事の時期 | 食べごろ | 保存 |
|---|---|---|
| いつでも | 1か月後〜 | 冷蔵で1年 |

**材料** 作りやすい分量

カリカリ梅 … P.84の完成量

もみ紫蘇 … 漬けた後のカリカリ梅の20%

梅酢 … 大さじ3〜4（カリカリ梅を漬けた時のもの）

**用意するもの**

□ ジッパーつき保存袋 … Lサイズ2枚

## 作り方

1

2週間以上漬けたカリカリ梅を、重量を測りながら別の保存袋に移す（梅酢と卵の殻はのぞく）。必要なもみ紫蘇の量を計算して加える。

**POINT**
一部は紫蘇漬けに、一部はそのままで、漬け分けてもOK！

2

梅酢を加えて、保存袋の空気を抜きながら封をする。全体になじむように袋の外から揉むように混ぜる。

3

保存袋を二重にして、再びしっかり空気を抜いて口を閉じる。冷蔵庫で1か月以上漬ける。ときどきひっくり返す。

**POINT**
普通の梅干しより少し染まりにくいので時間がかかります。

### 梅ボーイズのひとこと

もみ紫蘇の塩分がカリカリ梅より高いと、
その分、塩分濃度が少し高くなります。
小梅でも同じ手順で作れます。

永久保存版

# 梅仕事のＦＡＱ

## トラブル編❷

**Ｑ** 干したら白いものが…カビですか？

**Ａ 塩とクエン酸の結晶です**

塩分濃度が高めの梅干しは、塩とクエン酸が結合して白い結晶になることがあります。カビのように見えて不安かもしれませんが、よく見ると結晶状になっているのがわかります。そのまま食べられます。

**Ｑ** 干し加減がわからない…

**Ａ 正解はないので味見をして好みで決めて！**

表面が乾けばＯＫを目安にしてください。「干し上がったつもりなのに容器に保存しているうちにエキスが出てきてしまった……」と質問されることがありますが、梅自身の重みで必ずエキスは出てきます。むしろ乾かしすぎて中までカピカピになるよりは、少し干しが甘くても問題ありません。

**Ｑ** 天日干し中に雨に濡れてしまった！

**Ａ 通り雨なら気にしなくてＯＫ**

通り雨程度なら塩分濃度はさがらないので、そのまま干し続けて問題ありません。思わぬ長時間の雨に濡れてしまった場合は、一度梅酢に戻し、天気の良い日に干し直します。

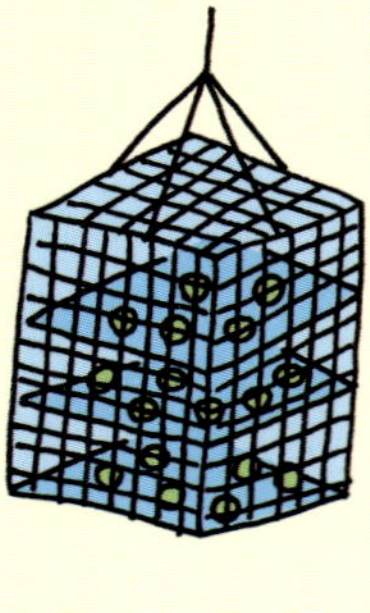

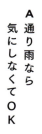

**Q カリカリ梅から気泡が…**

**A 3日目以降なら発酵の可能性が…**

泡が出てきたのが漬けた翌日なら、梅自身が含んでいた空気です。次の日まで様子を見て落ち着いてくれれば問題ありません。3日目以降に泡が出ているようなら発酵している可能性が高いです。塩分濃度が低いことが原因として考えられるので、常温においているようなら冷蔵庫に移してください。

**Q 去年の梅干し、底の方に白いものが…**

**A 塩のかたまりです**

カビが発生するとしたら、空気に触れている梅干しの表面から。底の方なら塩のかたまりなので心配いりません。

**Q 梅シロップが発酵してしまった…**

**A これ以上発酵させないように**

もし梅シロップを常温においていたのなら冷蔵庫に移してください。多少の発酵は味に影響ありませんし、冷蔵庫に入れれば発酵は基本的にそれ以上進みません。もし冷蔵庫に入れても発酵が止まらない場合は、一度さっと煮沸させましょう。

**Q カリカリ梅が追熟してしまった**

**A そのまま楽しむ!**

カリカリ梅を漬けている途中で、青梅の追熟が進んで柔らかくなってしまうことがあります。食感が変わっても、それはそれで美味しいのでそのままいただきましょう! 追熟させないコツは、いち早く漬けること。84ページ～の漬け方を参考にしてください。

# 梅味噌

レシピのリクエストNo.1！
梅農家で受け継がれる万能調味料は、
梅を合わせるだけでお味噌のコクが増します。

| 梅仕事の時期 | 食べごろ | 保存 |
|---|---|---|
| 5月下旬〜7月上旬 | 1週間後〜 | 冷蔵で1年以上 |

● **材料** 作りやすい分量

青梅または完熟梅 … 200g

合わせ味噌 … 200g（梅と同量）

はちみつ（またはてんさい糖、グラニュー糖）… 140g

● **用意するもの**

□ 保存容器（ガラスやプラスチックのもの）

□ 竹串またはつまようじ

● **梅の選び方**

傷がある梅や、冷凍梅でも美味しく仕上がります。深い傷（かさぶたのようになった傷）や、範囲が広くて大きい傷はその部分だけ切り取る。

**POINT** おすすめは青梅。完熟梅はフルーティーな甘めの味噌になります。

● **作り方**

1 梅を洗い、キッチンペーパーでしっかり水けをふき取る。

**POINT**

ヘタの部分に水分が残りやすいので注意。梅味噌を作る場合は、青梅でも水にさらしてアク抜きする必要はありません。

2

ヘタを竹串またはつまようじで取る。

**POINT**

完熟梅の場合はヘタがついていないので取る必要はありません。

3

清潔な保存容器に味噌とはちみつを入れ、よく混ぜる。

**POINT**

砂糖でも作れますが、コクが増すのではちみつがおすすめ。はちみつや砂糖を入れても梅の酸で意外とスッキリした味噌に。

4

梅を加え、上から軽く味噌をかける。

**POINT**

梅の水分が抜けてしぼんでいくので、完全に味噌がかぶらなくても問題ありません。

5

冷蔵庫で1週間以上漬ける。3～4日に1回かき混ぜる。

6

梅はずっと漬けておいても、1週間経ったら取り出してもよい。取り出さずに熟成させる場合は、その後1週間に1回程度かき混ぜる。

**POINT**

取り出した梅はもう一度同様に味噌を漬けることができます。

## 梅ボーイズのひとこと

2回漬けた後の梅は、種を取りのぞいて料理に使ったり、刻んで味噌に戻して一緒にいただけます。野菜スティックにつけたり、豚肉を梅味噌に漬けて焼くだけで美味しいですよ。

## ◎梅×調味料

味噌だけに限らず梅と調味料の組み合わせは無限大です。2〜3粒からでも作れるので、梅干しを漬けた残りや傷梅でぜひいろいろ試してみてください。

- ピリ辛梅味噌（写真上）…梅味噌と同手順でコチュジャン（40g〜お好みで）をプラスする。ご飯が進む味！
- 梅塩麹（写真下）…梅を同量の塩麹に漬け込む。冷蔵庫で1か月以上漬けてください。肉や魚と相性◎です。

# 梅エキス

世界一すっぱい!?　梅の栄養を凝縮した、
梅農家に明治から伝わる万能薬。
一家に1瓶ぜひ。

| 梅仕事の時期 | 食べごろ | 保存 |
| --- | --- | --- |
| 5月下旬～6月中旬 | 完成後すぐ～ | 冷蔵で1年以上 |

● **材料** 作りやすい分量

青梅…1.5kg～

※煮詰めると少量になるので少なくとも1.5kg以上が作りやすい。

● **用意するもの**

- □ 竹串またはつまようじ
- □ ミキサーまたはジューサー
- □ 鍋（ホーロー、土鍋、テフロン加工のもの）
- □ ざる
- □ サラシ
- □ 木べらまたはゴムべら
- □ 小さめの保存ビン

● **作り方**

1

梅を1時間ほど水に浸け、汚れ取りとアク抜きをする（写真は約500g分）。ヘタを竹串またはつまようじで取る。

2

梅の種を取りのぞく。種に沿うように包丁を入れて、できるだけきれいに実を切り落とす。

3

梅の実をミキサーまたはジューサーにかける。刃が回りづらい場合は、少し水（分量外）を加えて攪拌《かくはん》する。

4

鍋の上にざるとサラシをのせ、ミキサーにかけた梅を少量ずつ移す。

5

サラシに包んで絞る。梅のエキスを無駄にしないように、ここでしっかりと梅の果汁を絞りきる。

**POINT**
少量ずつ数回に分けた方がしっかり絞れる。

6

果汁をすべて絞ったら鍋を中火にかける。焦げないようにときどきかき混ぜながら加熱していく。アクは取りのぞく。

7

煮詰まるとだんだん茶色っぽくなり、とろみが出てくる。鍋底が見えるくらいになったら弱火に落として、さらに水分を飛ばしていく。

8

さらに水分が減ったらとろ火に落とす。鍋底にしっかりへらの跡がつくくらいになったら完成。

**POINT**
火加減にもよりますが、煮詰める時間は1時間ほど。

9

熱いうちに清潔な保存ビンに移す。粗熱が取れたらふたをして、冷蔵庫で保存する。

**POINT**
冷めると固くなるので熱が残っているうちに移す。

## 梅ボーイズのひとこと

1回の摂取量は、箸の先で取れる程度で充分。梅農家のわが家では、お腹が痛い時や体調不良の時にほんの少量摂るだけで元気になると言われて、明治から受け継がれてきました。時間が経つと黒っぽくなり、やや酸味がまろやかになります。（写真は8年モノ。こんなに真っ黒に！）

# 梅《うめ》醤《びしお》

おばあちゃんの秘伝の味。
２つの材料で１年中楽しめる梅仕事は、
これだけで味が決まる万能調味料です。

| 梅仕事の時期 | 食べごろ | 保存 |
|---|---|---|
| いつでも | 完成後すぐ〜 | 冷蔵で1年以上 |

### ●材料 作りやすい分量

梅干し(塩分18%)… 種をのぞいて100g

砂糖(てんさい糖またはオリゴ糖、はちみつ)

… 60g(種をのぞいた梅干しの60%)

※梅干しの塩分15%の場合は50g(種をのぞいた梅の50%)に調整する。

### ●用意するもの

□ 鍋(ホーロー、土鍋、テフロン加工のもの)

□ 木べらまたはゴムべら

□ 保存容器(ガラスやプラスチックのもの)

### ●作り方

1

手で梅干しを潰すようにしながらトゲに注意して種を取りのぞき、重量を測る。

**POINT**

皮が破れていたり、古くて乾いてしまった梅干しでも問題ありません。

2

鍋に1の梅干しを入れ、中火にかける。へらでかき混ぜながら1分ほど加熱する。

3

果肉がなめらかになったら弱火にして、砂糖を加える。焦げないようにかき混ぜながらさらに1分ほど加熱する。

4

ふつふつしてきて、テリが出たら完成。

5

熱いうちに清潔な保存容器に詰める。すぐにふたをして、粗熱が取れたら冷蔵庫で保存する。

### 梅ボーイズのひとこと

梅醤は、ねり梅の一種。この本では、梅醤は梅干しで、ねり梅（P.81）は生の梅で作っています。塩分のある梅醤は、鶏肉にもみ込んで焼いたり野菜につけると◎。塩分はなく酸味だけを加えられるねり梅は、そうめんに添えるのがイチオシ！

# 梅塩

なんと無添加でこの鮮やかなピンク色が出ます。
香り豊かで、肉料理やゆで卵、お弁当にぴったり。

| 梅仕事の時期 | 食べごろ | 保存 |
| --- | --- | --- |
| いつでも | 完成後すぐ～ | 冷蔵で1年以上 |

**● 材料** 作りやすい分量

紫蘇梅酢（塩分15～20%）… 100㎖～

**● 用意するもの**

□ 鍋（ホーロー、土鍋、テフロン加工のもの）
□ 木べらまたはゴムべら
□ 耐熱の平皿
□ クッキングシート
□ ジッパーつき保存袋や密閉容器
□ 乾燥剤（あれば）

※紫蘇の風味を保つなら冷凍保存がおすすめ。

**● 作り方**

1

鍋に梅酢を入れ、中火にかける。沸騰してきたら、焦げないようにへらでかき混ぜながら加熱していく。

**POINT**
梅酢はしっかり量らなくても、作りたい分量でOK！

2

水分が減って鍋底が見えるくらいになったら弱火にして、さらに水分を飛ばしていく。

**POINT**
梅酢の量や火加減にもよりますが、ここまでの加熱時間は3～4分程度。

3

さらに水分が減ったら、とろ火に落とす。焦げそうになったら一旦火から外して、ひとかたまりになって、へらですくえる程度まで余熱で加熱する。

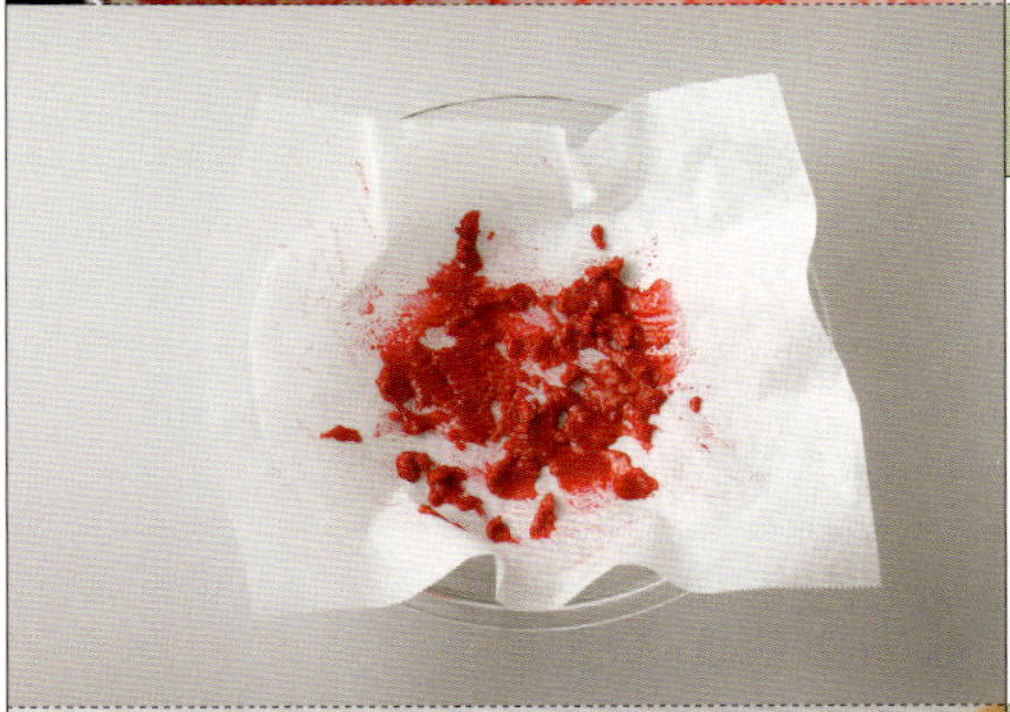

4

耐熱の平皿にクッキングシートを敷き、3をできるだけ平らに広げる。電子レンジ（200W）で30秒加熱する。

5

一旦取り出して全体をほぐし、再び30秒加熱する。焦げないように様子を見ながら30秒ずつ加熱し、ほぐす作業を水分がしっかり飛ぶまでくり返す。

6

完全に水分が飛んでパラパラになったら完成。ジッパーつき保存袋や密閉容器に移し、乾燥剤を入れて冷蔵で保存する。

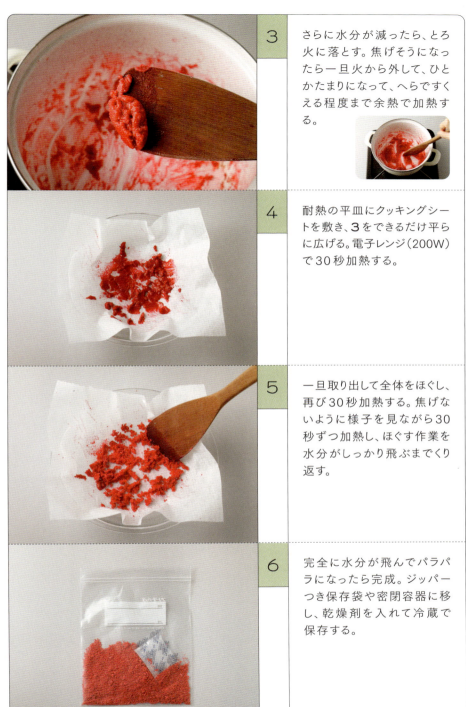

# 紫蘇ふりかけ

レンチンで完成。紫蘇はふりかけにすることで
色と香りを保てます。
紫蘇梅干しを漬けたら作らないともったいない！

| 梅仕事の時期 | 食べごろ | 保存 |
|---|---|---|
| いつでも | 完成後すぐ〜 | 常温で1年以上 |

**● 材料** 作りやすい分量

紫蘇漬けの紫蘇 … 50g〜

**● 用意するもの**

- □ 耐熱の平皿
- □ クッキングシート
- □ ジッパーつき保存袋
- □ 乾燥剤（あれば）

※紫蘇の風味を保つなら冷蔵保存して半年以内に食べきるのがおすすめ。

**● 作り方**

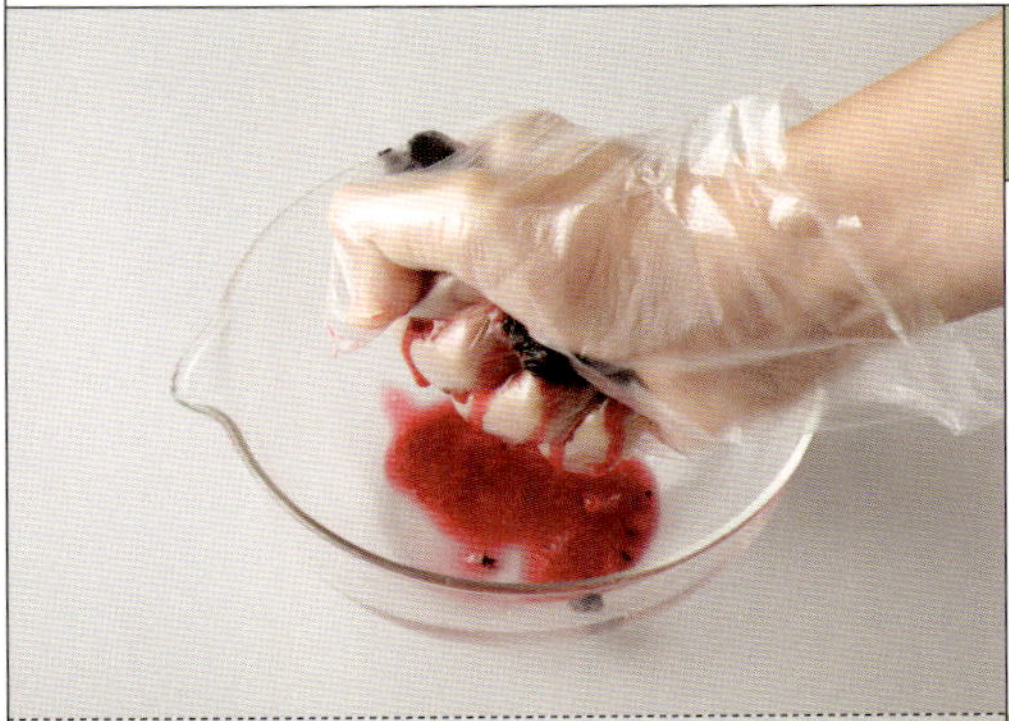

1

紫蘇を絞る。ここでしっかりと水分を絞ることがポイント。

**POINT**

ここで出た梅酢は捨てずに、梅塩（P.103）や梅酢ご飯（P.128）に使えます。

2

耐熱の平皿にクッキングシートを敷き、絞った紫蘇をできるだけ平らに広げる。電子レンジ（600W）で1分加熱する。

3

一旦取り出し、全体をほぐし、再び30秒加熱する。焦げないように様子を見ながら30秒ずつ加熱し、ほぐす作業をくり返す。

**POINT**

絞り具合によりますが、加熱時間は合計で3～4分程度。

4

完全に水分が飛んでパリパリになったら、ジッパーつき保存袋に入れて、大きなかたまりを手でほぐす。すり鉢があれば、すり鉢で潰してもよい。

**POINT**

潰しすぎずに食感が残る程度がおすすめ！

5

好みの大きさにほぐれたら、乾燥剤を入れて常温で保存する。

## 梅ボーイズのひとこと

紫蘇漬けの紫蘇はだんだん色が抜けてしまうので、ふりかけにすることで保存性がアップします。ほかほかのご飯にかけると半生状になって美味しい！

永久保存版

# 梅仕事のFAQ

## もっと！梅仕事の疑問いろいろ

**Q** 梅干しの塩分量を減らしてもいいですか？

**A いろいろ試して好みの味を探そう**

最初はぜひこの本の分量通りに漬けてほしいですが、慣れてきたらいろいろ調整してお好みの味を見つけてみてください。ただし、塩分15％未満は必ず冷蔵庫で保存を。

**Q** 梅干しに紫蘇って絶対に必要？

**A 紫蘇なしでもＯＫ**

梅干しといえば紫蘇漬けと思われがちですが、赤紫蘇は必須ではありません。むしろ、もみ紫蘇を作る作業が一番大変かも……。市販のもみ紫蘇を使用したり、紫蘇なしでも美味しい梅干しになりますよ。

**Q** 冷蔵庫がいっぱいだから梅シロップを常温保存したいのですがダメですか？

**A 冷蔵が安心です**

レシピによっては家の中の涼しい場所でＯＫと書かれている場合もありますが、梅の実が直接空気に触れる梅シロップは、常温だと発酵しやすいです。近年の猛暑の影響もあり、やはり冷蔵保存をおすすめします。

Column 2

# こうして梅干し屋を始めました

「栽培した梅がどんな商品になって、どんなお客さんが買っているかわからない。正直、やりがいがない」

——大学院まで進学し、がんの新薬研究という、梅とはまったく関係のない道を歩んでいた僕は、帰省時、兄が漏らした言葉をきっかけに梅干し屋を志すことになりました。

おりしも、大手外資系コンサル会社への就職を控えたタイミング。大きな仕事をしてから地方へ戻る人は多いかと思いますが、僕は梅農家という〝現場〟から、すべてをスタートさせることを選びました。

すっぱくてしょっぱい、あの美味しい梅干しがほとんど世の中に出回らなくなっていたこと、兄のひと言から農業の現状を知り、どうしても突き動かされるものがあったのです。

梅農家継承
梅ボーイズ

## 手探りで始めた梅干し作り

「だったら、僕が兄の梅ですっぱい梅干しを漬けて広めよう！」

「兄を納得させるような、梅農家が誇りを持てる梅干しを作ろう！」

　僕の人生は一転。会社の内定を断り、塩と紫蘇だけで漬ける梅干し屋を始める決意を固めました。

　ただ、梅農家に生まれ育ったからといって、梅を梅干しにして販売する方法は知りません。なんと、地元のメーカーさんに梅干しの作り方を電話で問い合わせるところから、梅干し作りがスタート。ありがたいことに、梅農家で製品化までを手がけている方に話をつないでいただき、そこではじめて梅の漬け方を教わることになったのです。

　そして、塩と紫蘇だけで作る〝シンプルで梅の味が生きる〟梅干しの研究へ。評判の良い梅干しを片っ端から食べてデータを取り、最初はほんの１００グラムほど、ちょうど5~6粒の梅を食品用のポリ袋に入れて、素材の比率・塩の種類・熟成期間などを少しずつ変えて比較。おおよそ40パターンほど試しながら梅の美味しさを追求しました。

## 塩と紫蘇だけ、伝統の梅干しを次世代へ

兄をはじめ、ほかの梅農家さんにもご協力いただき、とうとう「この梅干しだ！」と思える初代商品「うめひかり」が完成。

軽トラックで日本各地を回って実際に販売すると、「梅の味がきちんとする」「懐かしい」「こんな梅干しを求めていた！」という、想像以上の声をいただきました。当初、兄の梅を広めるために始めた梅干し作りの活動が「日本の食卓にも求められている」……その確信が、梅干し屋「うめひかり」へとつながったのです。

梅そのものの美味しさ、素晴らしさを伝え、僕たちきょうだいが当たり前のように食べてきた、添加物を使わない昔ながらの〝伝統の梅干し〟を後世に残すことをミッションに、日常に寄り添う梅干しを志高く作り続けていきます。

# 第3章

# まいにち梅レシピ

〝白いご飯に梅干し〟の王道もいいけれど、
梅は毎日の料理のバリエーションを
広げてくれます！　梅酢も余さず使います。

梅酢を使って…

# 鶏むね肉とブロッコリーの温サラダ

鶏肉と梅酢は相性抜群！
むね肉もパサつかずジューシー、
劇的に美味しく仕上がります。

## 材料 2人分

鶏むね肉（皮つき）… 1枚（約300g）
ブロッコリー … 小さめ1株
スナップエンドウ … 10本
卵 … 2個
紫蘇梅酢（塩分15～20%・白梅酢も可）… 大さじ1
片栗粉 … 大さじ2
サラダ油 … 適量
A オイスターソース … 大さじ1
　マヨネーズ … 大さじ2
　醤油 … 小さじ1
　砂糖 … 小さじ1
　にんにく（チューブ）… 3cm

## 作り方

1. 鍋に湯を沸かし、好みの固さでゆで卵を作る。
2. ブロッコリーは小房に分け、茎の部分は食べやすい大きさに切る。スナップエンドウは筋を取る。
3. 別の鍋に塩少々（分量外）を入れて湯を沸かす。ブロッコリーの茎、蕾、スナップエンドウの順に入れ、約2分ゆでる。
4. 鶏肉はひとくち大に切る。梅酢をしっかりもみ込み、片栗粉をまぶす。
5. フライパンに油を熱して鶏肉を入れ、あまり動かさないようにしながら焼き目をつける。
6. 鶏肉に火が通ったら火を止め、**A**、③の野菜を加えて混ぜ合わせる。器に盛り、ゆで卵を添える。

**POINT**

野菜をたっぷり食べられる「温かいサラダ」です。梅酢の効果でむね肉がしっとり、適度な酸味と塩味がつくのでこれだけで下味の役割を果たしてくれます。

梅酢を使って…

# しっとり絶品サラダチキン

材料2つ！ ほったらかしでOK！
梅酢だけだからこそ簡単に味が決まる
&クエン酸効果でしっとり柔らか。

## ●材料 2人分

鶏むね肉（皮なし）… 1枚（約300g）
白梅酢（塩分15～20%・紫蘇梅酢も可）
… 大さじ1（肉100gに対して小さじ1）

## ●作り方

1. 鶏肉は脂の部分を取りのぞき、厚みを均一にするように切り込みを入れて開く。
2. ジッパーつき保存袋に鶏肉と梅酢を入れ、しっかり空気を抜いて封をする。保存袋を二重にし、再び空気をしっかり抜く。
3. 炊飯器に2の袋と沸騰した湯を入れ、袋が浮いてこないように茶碗などで重しをする。
4. 炊飯器を保温にして1時間おく。中に赤みが残っていないかを確認してからいただく。（赤みがある場合は、電子レンジ（600W）で20～30秒ずつ様子を見ながら加熱する）

炊飯釜やボウルに水を張り、保存袋を水に浸けながら口を閉じるとしっかり空気が抜けます。

**POINT**
保存袋に残った鶏だしにも旨味がたっぷり含まれています。ねぎ（1/4本分、みじん切り）、ごま油（大さじ1）を加えて混ぜるだけで、簡単鶏だしソースが完成。

梅干し・梅酢を使って…

# 鶏もも肉の梅干しからあげ

揚げ物なのに梅の酸味でさっぱりいただける。家族みんなに喜ばれる味です。

## ●材料 2人分

鶏もも肉 … 1枚（約300g）
梅干し（塩分18%）… 2個
にんにく（チューブ）… 3cm
白梅酢（塩分15～20%・紫蘇梅酢も可）… 大さじ1/2
片栗粉 … 大さじ3
薄力粉 … 大さじ1と1/2
揚げ油 … 適量
キャベツ（千切り）… お好みで

## ●作り方

1. 鶏肉は食べやすい大きさに切る。梅干しは種を取りのぞいて小さくちぎる。
2. ボウルに鶏肉、梅干し、にんにく、梅酢を入れてしっかりもみ込む。
3. 片栗粉と薄力粉を混ぜて②にまぶし、170～180度に熱した揚げ油で3～4分揚げる。一旦取り出し、1分以上おく。
4. 185～190度の油で30秒～1分カラッと二度揚げする。器に盛り、お好みでキャベツを添える。

梅干し、にんにく、梅酢をもみ込む。梅酢がない場合は日本酒大さじ1/2と塩少々を加えてください。

**POINT**

ちぎった梅干しがアクセントになります。サクサクに仕上がる衣の配合と二度揚げも美味しさのポイント。

梅干し・梅酢を使って…

# 豚バラとなすの梅はさみ蒸し

梅農家イチオシ！
火を使わずに10分で完成するのに
見た目も華やか。秘伝の梅酢だれが絶品です。

## 材料 2人分

豚バラ薄切り肉（しゃぶしゃぶ用）… 200g
なす … 中2本
大葉 … 10～15枚
紫蘇梅干し（塩分15%）… 2個
日本酒 … 大さじ1
A 梅酢だれ
- 紫蘇梅酢（塩分15～20%・白梅酢も可）… 大さじ1
- 醤油 … 大さじ1
- ごま油 … 大さじ1/2
- 砂糖 … 大さじ1/2

## 作り方

1. 豚肉に酒を振りかけてなじませる。
2. なすは8㎜厚さの輪切りにする。大葉は半分に切る。梅干しは種を取りのぞいて小さくちぎる。
3. 耐熱の皿になす、大葉、豚肉、梅干しの順で重ねて並べていく。
4. Aを混ぜ合わせて梅酢だれを作り、③に回しかける。ラップをふんわりかけて電子レンジ（600W）で4分加熱する。

**POINT**

豚肉と梅干しが接するように並べることで、クエン酸の力で肉が柔らかくなります。梅酢だれは、肉、野菜、何にでも合う万能調味料。おすすめは、ゆでたオクラ×梅酢だれです。

梅干し・梅酢を使って…

# 豚の梅生姜焼き

味に深みを与えてくれる梅酢は、豚肉の下味にも最高。夏におすすめのさっぱり風味の生姜焼きです。

## ●材料　2人分

豚肉（生姜焼き用）… 6枚
玉ねぎ … 1/2個
紫蘇梅酢（塩分15～20%・白梅酢も可）… 小さじ1/2
サラダ油 … 適量
**A** 梅干し（塩分18%）… 1個
　日本酒 … 大さじ1
　醤油 … 大さじ2
　本みりん … 大さじ1
　はちみつ（または砂糖）… 大さじ1
生姜（チューブ）… 5cm
大葉 … お好みで

## ●作り方

1. 豚肉に梅酢を振りかけてなじませる。玉ねぎはくし形切りにする。
2. 梅干しは種を取りのぞき、包丁で叩く。**A**の日本酒からはちみつまでと、梅干しを混ぜ合わせる。
3. フライパンに油を熱し、①の豚肉を炒める。肉の色が変わったら玉ねぎを加えて1～2分炒める。
4. 玉ねぎに火が通ったら②と生姜を加え、たれを煮からめる。器に盛り、お好みで細切りにした大葉をのせる。

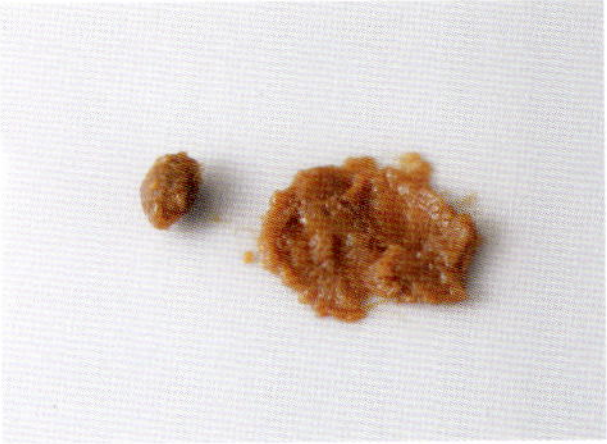

梅干しは外側の皮が一番しょっぱいので、叩いて均一にすることでまろやかに感じられる。

**POINT**

梅酢は、下味・肉を柔らかくする・臭みを取るという3つの役割を果たしてくれます。仕上げ前に味見をして、梅感を足したかったら叩いた梅干しを追加してもOK!

梅干しを使って…

# さばの梅味噌煮

梅農家では「魚の煮付けに梅」が当たり前。
甘辛い味噌だれとしょっぱい梅干しで
ご飯が進む一品です。

## 材料 2人分

さば … 2切れ（大きい場合は半分に切る）
梅干し（塩分18%） … 2個
生姜 … 2片
**A** 日本酒 … 50mℓ
水 … 50mℓ
本みりん … 大さじ3
醤油 … 大さじ1
砂糖 … 大さじ3
合わせ味噌（または赤味噌） … 大さじ1
白味噌 … 大さじ2

## 作り方

1. さばは皮目に十字に切り込みを入れる。生姜は皮のついたまま薄切りにする。
2. フライパンに梅干しと**A**を入れ、沸騰させる。
3. 別の鍋に湯を沸かす。沸騰したらさばを3秒ほど湯通しして、②のフライパンに移す。
4. 生姜を加え、落としぶたをして弱火で約10分煮る。
5. さばを器に盛り、残った煮汁をとろみがつくまで煮詰める。たれを回しかけ、梅干しを添える。

梅干しは果肉から煮汁に味が出るので潰す必要はない。

**POINT**
梅農家では、さばの味噌煮には必ず梅干しを入れるほど定番の味。梅の効果で魚の臭みはゼロ。さらに2種類の味噌をブレンドすることで本格的な味になります。

梅干しを使って…

# 梅の炊き込みご飯

梅の炊き込みご飯はシンプルなほど美味しい。梅の旨味・塩味・酸味を最大限に引き出します。

**材料** 作りやすい分量

米 … 2合
梅干し（塩分18%）… 3個
本みりん … 大さじ2
粉末だし … 大さじ1/2

**作り方**

1. 研いだ米、梅干し、みりん、粉末だしを炊飯器に入れ、目盛りまで水（分量外）を加えて炊飯する。
2. 炊き上がったら梅干しの種を取りのぞき、全体を混ぜ合わせる。

粉末だしではなく、だし汁でもOK。炊くと梅干しが柔らかくなるので、乾いてしまった梅干しも使える。

**POINT**

梅干しは白干し梅でも紫蘇漬けでもお好みで。もちろんこのまま食べても絶品ですが、シンプルなのでしらすや大葉をプラスしたり、お茶漬けでいただくのもおすすめ。

梅酢を使って…

# 梅酢ご飯のだし茶漬け

梅酢を加えることでつやつやに炊き上がり、お米の甘みが引き立ちます。梅酢の上品な旨味は、だし茶漬けで味わいたい。

**●材料** 作りやすい分量

米 … 2合
梅酢（塩分15～20%・紫蘇梅酢も可） … 大さじ2
だし汁 … 適量
梅干し、きざみのり、あられ … お好みで

**●作り方**

1. 研いだ米と梅酢を炊飯器に入れ、目盛りまで水（分量外）を加えて炊飯する。
2. 炊き上がったら茶碗によそい、だし汁をかけ、お好みで梅干しや薬味を添えていただく。

### ◎白米の代わりに

殺菌効果がある梅酢で炊いたご飯は、傷みが心配な夏の暑い時期のお弁当のご飯や、塩むすび（塩分があるので塩は不要）にすると好評です。

わが家の食卓では、ご紹介したレシピよりも梅酢の割合を少なめに炊いて（米1合に対して梅酢小さじ1の割合）、そのまま普段の白米の代わりとしても食べています。

**POINT**

お米の表面に味をつける酢飯とは異なり、梅酢を一緒に炊くことで中まで旨味が浸透します。噛めば噛むほど美味しいので、少し硬めに炊いてもいいですよ。

STAUB

梅干しを使って…

# 梅干し入りはらこ飯

豪華な一品にも梅が活躍。
梅干しの旨味と香りがだし代わりに。
梅のクエン酸×鮭のビタミンで免疫力もアップ！

## ●材料　作りやすい分量

米 … 3合
生鮭 … 2切れ
お好みのきのこ（えのき、舞茸など2種類以上） … 適量
梅干し（塩分18%） … 3個
生姜 … 大きめ1片（20g）
A 醤油 … 大さじ2
　本みりん … 大さじ2
　オリゴ糖 … 大さじ1強（または砂糖 … 大さじ1）
　日本酒 … 大さじ1
いくら（醤油漬け）、バター、ディル … お好みで

## ●作り方

1. 鮭に塩少々（分量外）を振り、約5分おく。キッチンペーパーで水けをしっかりふき取る。
2. きのこは食べやすい大きさに切る。生姜は皮のついたまま千切りにする。
3. 研いだ米と**A**を炊飯器に入れ、目盛りまで水（分量外）を加える。
4. きのこと生姜を入れ、表面を平らにならす。鮭（皮目を下）、梅干しを加えて、炊き込みモードで炊飯する。
5. 炊き上がったら鮭と梅干しをほぐして全体を混ぜ合わせ、お好みでいくら、バター、ディルをのせていただく。

すべての材料を入れて炊くだけ。鍋で炊く場合は、水（1合に対して約170㎖）を量ってから調味料を加えてください。

**POINT**
だしを取ったり、鮭を煮たりする手間なし！　梅の美味しさがお米の一粒一粒に染み渡り、さらに梅と2種類のきのこの相乗効果で旨味が増します。

梅干しを使って…

# 梅とトマトとツナの冷やしぶっかけうどん

火を使わない！ 5分でできる！
梅は、暑い夏こそ欠かせない
梅農家の元気の源です。

## ●材料 1人分

冷凍うどん … 1玉
トマト … 1/2個
ツナ（水煮） … 1缶（約70g）
梅干し（塩分18%） … 1個
A 醤油 … 大さじ2
　本みりん … 大さじ1
　砂糖 … 小さじ1
だし汁 … 100mℓ
大葉 … お好みで

## ●作り方

1. 冷凍うどんは表示通りに電子レンジで加熱する。流水でしっかり冷やした後、水けを切る。
2. 耐熱容器にAを入れて混ぜ合わせ、電子レンジ（600W）で1分加熱する。氷を入れて冷ます。
3. トマトは1～2cmの角切りにする。ツナは軽く水けを切る。梅干しは種を取りのぞいて小さくちぎる。
4. ボウルに③を入れ、②のつゆ、だし汁を加えて混ぜ合わせる。
5. 器にうどんを盛り、④をかけ、お好みでちぎった大葉を散らす。

**POINT**
さっぱり美味しい、夏バテ気味の猛暑にも食欲の湧くメニュー。ひと皿で野菜もたんぱく質も摂れて、夏のエネルギー補給にぴったりです。

紫蘇ふりかけを使って…

# 紫蘇ふりかけのペペロンチーノ

紫蘇の香りがしっかり立ち、さっぱりいただける和風ペペロンチーノ。梅は洋の食材とも合うんです。

**●材料** 1人分

パスタ … 100g
紫蘇ふりかけ（P.106参照） … 小さじ2
にんにく … 1片
鷹の爪 … 1本
オリーブオイル … 適量
**A** バター … 10g
醤油 … 小さじ1/2～1
水 … 大さじ1

**●作り方**

1. にんにくは包丁の腹で軽く潰しておく。フライパンに少なめのオリーブオイルを熱し、弱火でにんにくを焦がさないようにしながらじっくり加熱する。柔らかくなったら木べらで潰す。
2. 鷹の爪を加えて加熱し、香りが立ったら**A**を加えてよく混ぜ、火を止める。
3. 鍋に湯を沸かし、塩少々（分量外）を入れ、パスタを表示通りにゆで、湯を切る。
4. フライパンに再び火を入れ、パスタのゆで汁（大さじ2）、パスタ、紫蘇ふりかけを加える。中火で温めながらソースと紫蘇ふりかけをしっかりパスタにからめる。

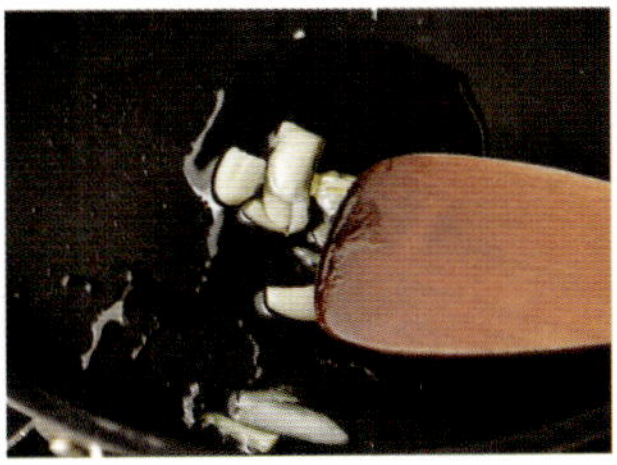

低温でゆっくり火を入れることで、にんにくの旨味を引き出す。みじん切りよりも、にんにくの辛味・臭みも抑えられる。

**POINT**
意外な組み合わせに見えますが、洋食にも合う梅の懐の深さがわかる一品です。紫蘇ふりかけが塩の代わりになるので、紫蘇ふりかけの塩分量によって醤油の分量は調整してください。

梅きゅうりのごま油
オイスター和え

きゅうりの梅味噌和え

梅干しを使って…

# 梅きゅうりのごま油オイスター和え きゅうりの梅味噌和え

副菜にも、おつまみにもなる、和えるだけの簡単やみつきレシピ2種。

## 梅きゅうりのごま油オイスター和え

### ●材料　作りやすい分量

きゅうり … 1本
紫蘇梅干し（塩分18%）
　… 1個
A　オイスターソース
　　… 小さじ1
　ごま油 … 小さじ1
白いりごま … お好みで

### ●作り方

1. きゅうりのヘタを取り、ジッパーつき保存袋に入れる。手できゅうりを潰し、袋の中で食べやすい大きさにちぎる。梅干しを加え、手でよくもみ込む。
2. Aを加えて混ぜ合わせる。梅干しの種を取りのぞき、器に盛って、お好みでごまを散らす。

※保存は冷蔵で2～3日。

## きゅうりの梅味噌和え

### ●材料　作りやすい分量

きゅうり … 1本
紫蘇梅干し（塩分18%）
　… 1個
A　味噌 … 大さじ1
　はちみつ … 大さじ1
大葉 … お好みで

### ●作り方

1. きゅうりのヘタを取り、ジッパーつき保存袋に入れる。手できゅうりを潰し、袋の中で食べやすい大きさにちぎる。梅干しを加え、手でよくもみ込む。
2. Aを加えて混ぜ合わせる。梅干しの種を取りのぞき、器に盛って、お好みでちぎった大葉を散らす。

※保存は冷蔵で2～3日。

保存袋の中で完成するので洗い物の手間もなし。手で潰すのが大変な場合は麺棒などを使って叩いてください。

**POINT**

白梅干しでも作れますが、おすすめは紫蘇梅干し！　味噌和えはこってり味でご飯が進みます。ごま油オイスター和えは韓国風。どちらもしっかり濃いめの味つけなのでお酒にも合います。

梅干しを使って…

# 梅流し

腸内環境リセット。断食、便秘解消、ダイエット、食べすぎた日の翌日に……胃腸に優しいデトックス。

**材料** 作りやすい分量

大根 … 1/2本
紫蘇梅干し（塩分15%）… 3個
昆布 … 12～13cm
水 … 1.5ℓ

**作り方**

1. 大根は皮を厚めにむき、4～5cm長さの短冊切りにする。昆布は、汚れが気になる場合は固く絞った濡れ布巾でさっと表面をふき取る。
2. 鍋にすべての材料を入れ、弱火～中火で15～20分煮る。大根に火が通ったら完成。

## ◎梅流しとは？

梅流しは、腸内環境を整え、便秘解消やダイエットに効果を発揮する食事療法にもなるレシピです。梅のクエン酸と大根の食物繊維・消化酵素の組み合わせで腸を刺激します。

また、梅は加熱することで脂肪燃焼作用のある「バニリン」という成分が増加するので、ダイエット効果がアップ。断食の回復食としては、この分量を1日かけて食べるのがおすすめです。

（断食を実施する際は、安全のため専門家の指導のもとで行なうことをおすすめします）

**POINT**

身体が芯から温まるので冬の朝食にぴったり。断食の回復目的以外なら、鶏肉やしいたけなどのきのこを加えてアレンジすると食べ応えが増します。

紫蘇梅酢を使って…

# うずらの梅酢ピクルス

紫蘇梅酢を使い、可愛いピンク色に染めあげる。
華やかな見た目で、
肉料理のつけ合わせやお弁当におすすめ！

**材料** 作りやすい分量

うずらの卵（水煮）… 7～8個
野菜（大根、パプリカ、にんじん、きゅうりなど）… お好みで
A 紫蘇梅酢（塩分15～20%）… 50mℓ
米酢 … 50mℓ
水 … 100mℓ
はちみつ … 大さじ1～2

**作り方**

1. うずらと食べやすい大きさに切った野菜を耐熱の保存容器に入れる。
2. 鍋にAを入れ、火にかける。甘みが足りなければはちみつを追加して味を調える。沸騰したら1の容器に注ぎ入れ、うずらと野菜がひたひたになるようにする。
3. 粗熱が取れたらふたをして、冷蔵庫で2時間以上冷やす。

※保存は冷蔵で2～3日。

**POINT**
梅酢：米酢：水＝1:1:2が黄金比。これさえ覚えれば何でも漬けられます！　脂の多い肉料理のつけ合わせにするとさっぱり美味しくいただけます。

白梅酢を使って…

# 梅農家のゆず大根

仕込みたったの5分！
梅酢の複雑な味にゆずの酸味が加わって、
奥行きのある味わいに。

**材料** 作りやすい分量

大根 … 1/2本
ゆず … 1個
昆布 … 10cm
A 白梅酢（塩分15～20%）… 大さじ3
　オリゴ糖 … 大さじ3強（または砂糖…大さじ3）
唐辛子 … お好みで

**作り方**

1. 大根は皮を厚めにむき、4～5cm長さの拍子木切りにする。昆布は、汚れが気になる場合は固く絞った濡れ布巾でさっと表面をふき取り、1cm幅に切る。
2. ゆずは皮をむき、皮から白い部分をそぐようにして取りのぞき、皮を千切りにする。実の部分は種を取りのぞき、果汁を絞る。
3. すべての材料をジッパーつき保存袋に入れ、口を閉じてしっかりもみ込む。お好みで唐辛子を加えてもよい。冷蔵庫で30分以上漬ける。

※保存は冷蔵で1週間。

**POINT**
祖母がいつも作ってくれた味です。30分ならシャキシャキの浅漬け、1日以上おくとしっかり漬かります。トロトロになった昆布も美味しい！

白梅酢を使って…

# 即席白菜キムチ

白菜を大量消費。発酵させたキムチの酸味を梅酢で再現することで、即席なのに感動ものの本格的な味に！

**●材料** 作りやすい分量

白菜 … 1/4個
こねぎ … 2束
にんにく … 1片
生姜 … 1片
辛子明太子 … 1本
白梅酢（塩分15～20%）… 大さじ3
オリゴ糖 … 大さじ1強（または砂糖…大さじ1）
ごま油 … 大さじ1
コチュジャン … 大さじ1/2～1

**●作り方**

1. 白菜は内側の葉と外側の葉に分け、内側の葉は1～1.5cm幅のざく切りにする。厚みのある外側の葉は、1～1.5cm幅で斜めにそぎ切りにする。
2. こねぎは3cm幅に切る。生姜とにんにくはすりおろす。
3. すべての材料をジッパーつき保存袋に入れ、空気を含んだ状態で口を閉じる。明太子を潰しながら、全体を振るようにして混ぜ合わせる。袋の空気を抜いて口を閉じ直し、冷蔵庫で1時間以上漬ける。

※保存は冷蔵で1週間。

白菜は、内側と外側の葉で切り方を変えることで均一に味が染みる。

**POINT**

韓国では「アミの塩辛」を使うのが定番ですが、手に入りやすい明太子で海鮮エキスの旨味を再現した自信作です。辛さひかえめで、箸が止まらない美味しさ！

紫蘇梅酢を使って…

# 即席しば漬け

シンプルな味つけなのに絶品。
赤紫蘇ではなく梅酢を使って漬けるから
1年中作れます。

## 材料 作りやすい分量

きゅうり … 2本
なす … 2本
新生姜（または生姜） … 30g
みょうが … 2個
紫蘇梅酢（塩分15～20%） … 約200㎖（みりんと同量）
本みりん … 約200㎖（梅酢と同量）
昆布 … 約20㎝

## 作り方

1. きゅうりとなすは、好みの切り方（斜め切り、乱切りなど）で切る。
2. 新生姜は、包丁の背やスプーンで表面の汚れをそぎ落とす。水で洗い、キッチンペーパーで水けをふき取る。ピンク色の部分は固いので取りのぞき、細切りにする。みょうがも細切りにする。
3. きゅうり、なす、新生姜、みょうがをジッパーつき保存袋に入れる。梅酢とみりんを1:1の割合で、食材がひたひたになるまで加える。
4. 昆布は、汚れが気になる場合は固く絞った濡れ布巾でさっと表面をふき取り、保存袋に加える。空気を抜いて封をして、冷蔵庫で1日以上おく。

※保存は冷蔵で2週間。

塩もみの手間なしで、すべての材料を保存袋に入れて漬けるだけ。梅酢とみりんは、食材がひたひたになる量で調整してください。

**POINT**
浅漬けなら1日、しっかり漬けるなら1週間程度がおすすめ。適度な甘みがあるのでお子さんでも野菜をたっぷり食べられる味つけです。

白梅酢を使って…

# 柿と大根のなます

混ぜた瞬間から美味しい即席なます。
調味料2つとは思えないほど
深みのある味わいを梅酢で実現。

**● 材料**　作りやすい分量

柿 … 1個
大根（根元の方）… 10㎝
白梅酢（塩分15～20%）… 大さじ1
オリゴ糖 … 大さじ1強（または砂糖…大さじ1）

**● 作り方**

1. 大根は皮を厚めにむき、2～3㎜幅の細切りにする。柿は皮をむき、2～3㎜幅の細切りにする。種は取りのぞく。
2. すべての材料をボウルに入れ、混ぜ合わせる。

※保存は冷蔵で2～3日。

**POINT**

梅酢の塩味、クエン酸やリンゴ酸の酸味に、さらに柿の酸味が合わさることで味に深みが出ます。できたてのシャキシャキも、1～2日おいてしんなりさせても、お好みで。お口がさっぱりする箸休めに。

紫蘇梅酢を使って…

# 手作り紅生姜

無添加で色鮮やかに染まる！
昔ながらのしっかり辛味のある紅生姜は、
料理のアクセントとして存在感を発揮。

**材料**　作りやすい分量

新生姜 … 200g
塩 … 10g（新生姜の5%）
紫蘇梅酢（塩分15～20%）… 約200㎖

**作り方**

1. 新生姜は、包丁の背やスプーンで表面の汚れをそぎ落とす。水で洗い、キッチンペーパーで水けをふき取る。ピンク色の部分は固いので取りのぞき、繊維に沿って細切りにする。
2. ジッパーつき保存袋に新生姜と塩を入れてもみ込み、30分おく。水分が出てきたら、優しく絞って水分を切る。
3. 保存袋に紫蘇梅酢を新生姜がヒタヒタになるまで入れる。空気を抜いて封をして、冷蔵庫で1日以上漬ける。

※保存は冷蔵で半年。

**POINT**
繊維に沿って切ることでシャキシャキ食感になります。薄く切るほど辛味が抑えられて食べやすく、また1日漬けると食べられますが、時間をおくと味がまろやかに。チャーハン、お好み焼き、焼きそばにぴったり。つくねや炒めものに加えても。

紫蘇梅酢を使って…

# 梅農家のガリ
## （新生姜の甘酢漬け）

曾祖母から代々受け継がれてきた梅農家の味。
簡単・失敗なしで、
きれいなさくら色に染まります。

● **材料** 作りやすい分量

新生姜 … 300g
塩 … 15g（新生姜の5%）
米酢 … 約250mℓ（絞った新生姜と同量）
砂糖（あればオリゴ糖）… 約125g（絞った新生姜の半量）
紫蘇梅酢（塩分15～20%）… 約60mℓ（絞った新生姜の1/4量）

● **作り方**

**1** 新生姜は、包丁の背やスプーンで表面の汚れをそぎ落とす。水で洗い、キッチンペーパーで水けをふき取る。ピンク色の部分は固いので取りのぞき、繊維に沿ってスライサーで薄切りにする。

**2** ボウルに新生姜と塩を入れてもみ込み、ラップをかけて30分おく。水分が出てきたら、優しく絞って水分を切り、重さを量りながら耐熱の保存容器に移す。

**3** 鍋に米酢、オリゴ糖、紫蘇梅酢を量りながら入れて、火にかける。沸騰直前で火を止め、2の容器に注ぎ入れる。粗熱が取れたらふたをして、冷蔵庫で1日以上漬ける。

※保存は冷蔵で半年。

**POINT**

ご飯とよく合うガリです。ほどよい甘ずっぱさで、これだけでも美味しく食べられます。絞った生姜の汁は、ぜひ生姜湯やジンジャーエールに！

梅シロップの残り梅・梅酢を使って…

# 梅ドレッシング

梅シロップの残り梅も最後の最後まで使いきる。フルーティーな梅の香りが広がるドレッシングがあっという間に完成！

**●材料** 作りやすい分量

梅シロップの残り梅 … 1個
オリーブオイル … 小さじ1
米酢 … 小さじ1
白梅酢（塩分15～20%・紫蘇梅酢も可） … 大さじ1
にんにく（すりおろし） … お好みで

**●作り方**

1 梅の種を取りのぞき、梅の実を潰しながらすべての材料をよく混ぜ合わせる。

**◎残り梅の活用法**

梅シロップの残り梅は、梅味噌にもおすすめ。作り方は、味噌（100g）、本みりん（大さじ2）、日本酒（大さじ1）に残り梅4個を混ぜ合わせるだけ。

常備しておけば、肉や野菜と一緒に炒めるだけで味が決まる万能調味料として活躍します。

**POINT**

梅シロップを漬けた後の残り梅は、ほどよく甘みと酸味をプラスできる便利食材なんです！　梅酢がない場合は、米酢大さじ1と塩少々を加えてください。

梅酢を使って…

# 梅酢ソーダ

ゴクゴク飲める梅酢ドリンク。
夏場やお風呂上がりの身体に浸透します。

## 材料 1杯分

紫蘇梅酢（塩分15～20%・白梅酢も可）… 小さじ1～2
炭酸水 … 適量
はちみつ … お好みで

## 作り方

1. グラスに梅酢と炭酸水を入れ、軽く混ぜる。お好みではちみつを加える。

### ◎熱中症対策に

わが家では、ふだんから梅酢を水や炭酸水で割って飲んでいます。梅酢大さじ1に対し、水2リットルの割合で薄めに作れば、夏場の水分補給に最適。水分とミネラルを効率よく摂れるので熱中症対策にも有効です。

**POINT**

スポーツドリンク代わりにぴったりで、梅酢には整腸作用があるので便秘にも効果があります。料理に万能な梅酢をドリンクにも活用してみて。

梅酢レモンスカッシュ

梅酢ラッシー

梅酢・梅シロップを使って…

# 梅酢ラッシー
# 梅酢レモンスカッシュ

水や炭酸で割るだけでも美味しい梅酢にひと工夫を加えた、格上げドリンク2選。

## 梅酢ラッシー

**材料** 1杯分

紫蘇梅酢（塩分15～20%・白梅酢も可）… 小さじ1
梅シロップ（またははちみつ）… 小さじ1
牛乳（または豆乳）… 適量

**作り方**

1. 梅酢と梅シロップをグラスに入れ、よく混ぜる。
2. 牛乳を加えて混ぜる。

## 梅酢レモンスカッシュ

**材料** 1杯分

白梅酢（塩分15～20%・紫蘇梅酢も可）… 小さじ1/2
はちみつ … 小さじ1
レモン（スライス）… 1枚
炭酸水 … 適量

**作り方**

1. 梅酢とはちみつをグラスに入れ、炭酸水を注いで混ぜる。レモンをのせていただく。

**POINT**

梅酢ラッシーは、塩味ひかえめで、個性的だけどクセになる味。梅×レモンの組み合わせは鉄板！ レモンと梅、異なる2種の酸味が味に深みを与えます。

梅シロップを使って…

# ホット梅ティー

梅シロップをホットでも。
梅の香りがふわっと広がる。

**●材料** 1杯分

梅シロップ … 大さじ2
紅茶やルイボスティー … ティーバッグ1個
梅シロップの残り梅 … お好みで

**●作り方**

1. お好みの紅茶やルイボスティーを表示通りに淹れる。
2. 梅シロップ、お好みで梅シロップの残り梅を加えて混ぜる。

**POINT**

冷たいドリンクよりもダイレクトに梅を感じられます。紅茶にレモンと砂糖を入れるように、梅シロップひとつで酸味と甘みが加わります。残り梅にも紅茶の香りが移って、より美味しく食べられます。

梅シロップを使って…

# ホット梅ジンジャー

冬も梅を楽しみたいあなたへ。
心も身体も温まるイチオシの1杯。

● **材料** 1杯分

梅シロップ … 大さじ2
新生姜(または生姜) … 1/2片～お好みで
湯 … 適量

● **作り方**

1. 新生姜はすりおろす。
2. カップに梅シロップを入れ、湯を注ぎ、新生姜を加えて軽く混ぜる。

---

**POINT**

梅のクエン酸と生姜のショウガオール、ダブルの作用で血流を良くして身体を芯から温めてくれる、超おすすめのホット梅ドリンクです。

# 梅ボーイズの商品とこだわり

梅ボーイズでは梅干しのほか、さまざまな梅製品を販売しています。商品ラインナップをご紹介します。

## 【無添加】梅と紫蘇

size - price　280g／1,220円
1kg／3,780円
280g（ギフト箱入）／ 1,520円

素材は完熟南高梅と天日塩と赤紫蘇のみ。ご飯に合う、甘くない無添加の梅干しです。天日干しの後、熟成させてまろやかになった口当たり、赤紫蘇の香りをお楽しみください。塩分約15%。

## 【無添加】梅と塩

size - price　280g／1,180円
1kg ／3,540円
280g（ギフト箱入）／1,480円

素材は南高梅と天然塩のみ。すっぱい、しょっぱい梅干しです。天日干しの後に暗所で熟成させ、すっぱい中にほのかな甘みを感じる梅干しに仕上げました。塩分約18%。

## 【無添加】三年熟成梅干し

（皮やわらかタイプ・皮しっかりタイプ）

size - price　各280g ／1,780円
各1kg ／4,620円
各280g（ギフト箱入）／ 2,080円

塩だけで漬けた完熟南高梅を天日干しした後、樽で3年間じっくり熟成させました。梅と塩がよく馴染んだことによるまろやかさと、梅の果肉感のバランスが取れています。塩分約18%。

## 完熟南高梅の白梅酢

**size - price**　500ml／650円
45ml×3個／500円

無添加の白干し梅を作る過程でできる梅のエキスです。酸味と塩味のバランスが良い健康調味料です。塩分約20%。

## 完熟南高梅の紫蘇梅酢

**size - price**　500ml／740円
45ml×3個／500円

無添加の紫蘇梅干しを作る過程でできる梅のエキスです。酸味と塩味のバランスが良い健康調味料で、紫蘇の風味が好きな方におすすめです。塩分約15%。

## 完熟南高梅のプレミアム梅酢

**size - price**　275ml／980円

天日塩と完熟南高梅だけで作った梅酢を1年熟成させ、その梅酢でさらに梅干しを漬けました。その際にできた梅酢が「プレミアム梅酢」。通常の梅酢より梅の味と成分が濃くなっています。塩分約15%。

## すっぱい梅エキス

**size - price** 90g／2,480円

完熟の紀州梅を塩漬けした時に出る梅酢を煮詰めた、すっぱいエキスです。梅の有効成分であるポリフェノール、クエン酸、バニリン、ムメフラールなどが多く含まれます。1瓶に約1.6kg（約80個）分の梅がギュッと詰まっています。

## 紫蘇ふりかけ

**size - price** 50g／620円

梅漬けした紫蘇を天日干しした無添加の紫蘇ふりかけです。厳選した赤紫蘇で梅を漬けて天日干しした後、食べ応えがあるように手で荒く削り、粒を大きく仕上げました。塩分約15%。

## 梅塩

**size - price** 70g／ 972円

梅干しを作る過程で取れる梅のエキス「梅酢」でピンクに色づいています。ミネラル豊かな海水塩で作ったまろやかなお塩です。梅のクエン酸を豊富に含むので、殺菌効果、疲労回復効果が期待できます。

## 梅と紫蘇　チューブ

**size - price** 140g／920円

素材は南高梅と天然塩と赤紫蘇のみ。料理に使いやすい「梅と紫蘇」のチューブタイプです。塩分約15%。

## 梅と塩　チューブ

（塩分18%・まろやか塩分15%）

**size - price** 各140g／920円

素材は南高梅と天然塩のみ。料理に使いやすい「梅と塩」のチューブタイプです。

期間限定！

## 和歌山の農園から
## “超完熟”南高梅を直送します

超完熟南高梅　1kg～
樹上南高梅（追熟用）　1kg～

販売サイトはこちら
梅ボーイズ　商品一覧

## おわりに

僕が梅干しを販売していて一番心に残っているのは、「30年前に食べたおばあちゃんの味だ！」と、お客さんに感激して喜んでもらったことです。

家族の味として心に刻まれた記憶があるということは、とても幸せなことだと思うし、その記憶を思い出せる梅干しという食べ物は本当にすごいなぁと思います。

僕自身、どうして梅干し屋をしているかを突き詰めて考えると、幼い頃におじいちゃんが干していた梅干しをつまみ食いした記憶があるからだろうなと思います。

みなさんの梅干し作りが、より一層楽しくなるよう願いを込めて本書を出版させていただきました。

2025年3月　山本将志郎

梅農家継承
梅ボーイズ

著者　山本将志郎

梅ボーイズリーダー

和歌山県日高郡みなべ町で120年続く梅農家の5代目。昔ながらのすっぱい梅干しを残すため、令和元年に梅干し屋「うめひかり」を開業。塩と紫蘇だけで漬ける甘くない梅干しを作っている。

YouTubeチャンネルでは、農家ならではの梅仕事のコツや梅の知識、梅料理が好評を博している。

梅の魅力を伝えるとともに、日本の一次産業の基盤を作るという志の元に、林業や海の事業へと活動の幅を広げている。

梅ボーイズHP　https://umenokuni.com/

YouTube　@umeboys1904

料理考案　山本みゆ

梅ボーイズメンバー

大阪で調理師をしていたが、兄の将志郎が梅干し屋で奮闘している様子を見て和歌山に帰省。梅干し、梅酢の良さを最大限に生かしたレシピを考案している。

Instagram　@umezu_world

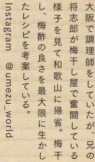

**SPECIAL THANKS**

料理考案　山本みゆ

写真提供　株式会社うめひかり（P.26、34下、162〜164）

**STAFF**

撮影　柿崎真子

スタイリング・調理　井上裕美子

調理協力　石川みのり、日根綾海

装丁・本文デザイン　髙橋朱里（マルサンカク）

イラスト　佐々木一澄

執筆協力　国実マヤコ

DTP　坂巻治子

校正　麦秋新社

編集　田中悠香、山本安佳里（ワニブックス）

**参考サイト**

梅ボーイズのうめしごと

https://media.umenokuni.com/

紀州田辺うめ振興協議会

https://www.tanabe-ume.jp/ume_history/kisyu-ume/

120年続く梅農家が教えたい

**まいにち梅づくし生活**

著者　山本将志郎

2025年4月29日　初版発行

2025年8月1日　3版発行

発行者　髙橋明男

発行所　株式会社ワニブックス

〒150-8482

東京都渋谷区恵比寿4-4-9　えびす大黒ビル

ワニブックスHP　http://www.wani.co.jp/

お問い合わせはメールで受け付けております。

HPより「お問い合わせ」へお進みください。

※内容によりましてはお答えできない場合がございます。

印刷所　株式会社光邦

製本所　ナショナル製本

定価はカバーに表示してあります。



ISBN978-4-8470-7546-9